Brigitte Gärtner

Magnete der Gesundheit

»Magnete und Gedanken als Impulse des Wohlbefindens«

Eine praktische Einführung in die heilende Kraft
der Gedanken und Magnettherapie
auf Grundlage der chinesischen Heilkunde

WINDPFERD

Wichtiger Hinweis

Die in diesem Buch vorgestellten Informationen sind sorgfältig recherchiert und wurden nach bestem Wissen und Gewissen weitergegeben. Dennoch übernehmen Autorin und Verlag keinerlei Haftung für Schäden irgendeiner Art, die direkt oder indirekt aus der Anwendung oder Verwendung der Angaben in diesem Buch entstehen. Die Informationen in diesem Buch sind für Interessierte und zur Weiterbildung gedacht.

Schwangere und Personen, die einen Herzschrittmacher tragen, dürfen grundsätzlich keine Magnete verwenden. Hiervon gelten keine Ausnahmen!

Impressum

1. Auflage 1998

Umschlaggestaltung: Kuhn Grafik, Digitales Design, Zürich, unter Verwendung einer Illustration von Ute Rossow
Lektorat: Brigitte Gabler
Zeichnungen im Innenteil: Peter Ehrhardt
Layout/Satz: *panta rhei!* – MediaService Uwe Hiltmann, Niedernhausen/Ts.
Herstellung: Schneelöwe, Aitrang

ISBN 3-89385-284-0

Printed in Germany

Danksagung

Samuel Kwok

In der Harmonielehre Feng Shui besitzt jeder Raum eine Zone. Die Zone *Hilfreiche Freunde* ist in direkter Achse mit der Zone *Reichtum* verbunden. Gute Freunde erfreuen nicht nur unser Leben, sie bereichern es. Dank ihrem helfenden und unterstützenden Einfluß kann ein Projekt, eine Idee, oder – wie hier – dieses Buch über seine normalen Grenzen hinauswachsen und zu etwas viel Wertvollerem und Reichhaltigerem gedeihen, als es in seiner ursprünglichen Form je möglich gewesen wäre.

Mein tiefer Dank gilt Meister Samuel Kwok, ausgebildeter Arzt in der chinesischen Medizin und direkter Nachfolger vom legendären Yip Man. Er hat mir sehr viel Wissen und Erfahrung vermittelt und zudem seine persönlichsten Bücher zur Verfügung gestellt – Werke, die zum Teil seit langer Zeit vergriffen sind. Für all seine Bemühungen und sein tiefes Vertrauen möchte ich mich an dieser Stelle nochmals aufs herzlichste bedanken. In Samuel Kwok habe ich nicht nur einen großartigen Lehrmeister gefunden, sondern auch einen guten Freund.

Eliane Näpfli

Mitten in der Schweiz, in Mülligen im Kanton Aargau, lebt eine Heilpraktikerin, die chinesische Medizin nach der ältesten Form praktiziert, nach dem Prinzip von Fülle und Leere. Eliane Näpfli besitzt eine unermeßliche Erfahrung im Verschmelzen von Körper, Geist und Seele im Krankheitsbereich. Mit ihren Erzählungen aus der Praxis und ihrem breiten Fachwissen hat sie viel für dieses Buch beigetragen und bestätigt, wie nahtlos Therapie und Praxis in Akupressur und Magnet-Therapie miteinander verschmelzen.

Werner Giessing

Mein ganz persönlicher Dank gilt Werner Giessing. Sein Verständnis, seine Unterstützung, sein Humor, seine Toleranz, aber auch seine kritischen Betrachtungen haben mir sehr geholfen, dieses Buch nicht nur zu schreiben, sondern bis ins Detail zu vertiefen und zur Vollendung zu bringen. Sein unermüdlicher Antrieb hat mich immer wieder über meine eigenen Kräfte hinaus wachsen lassen.

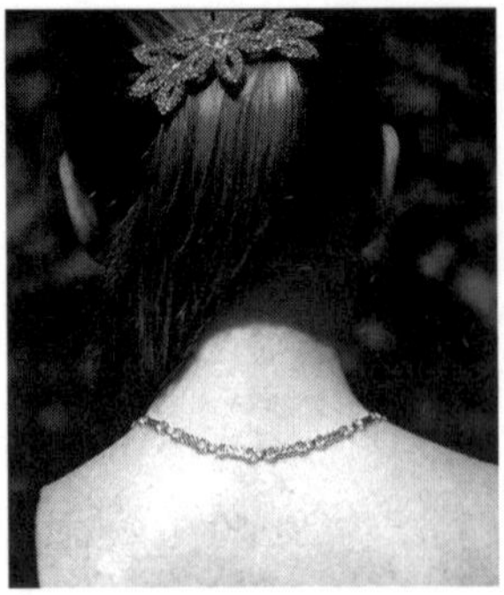

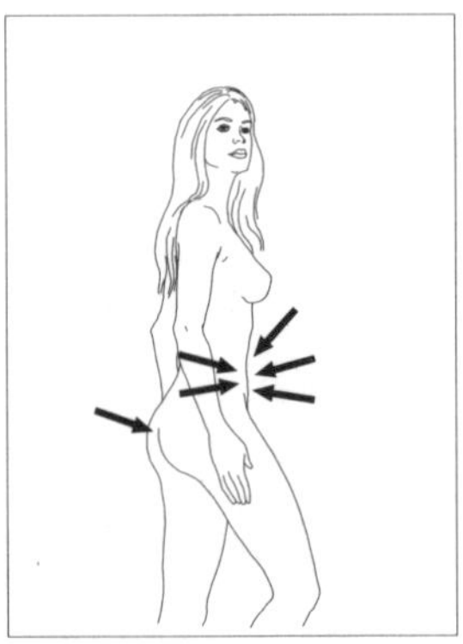

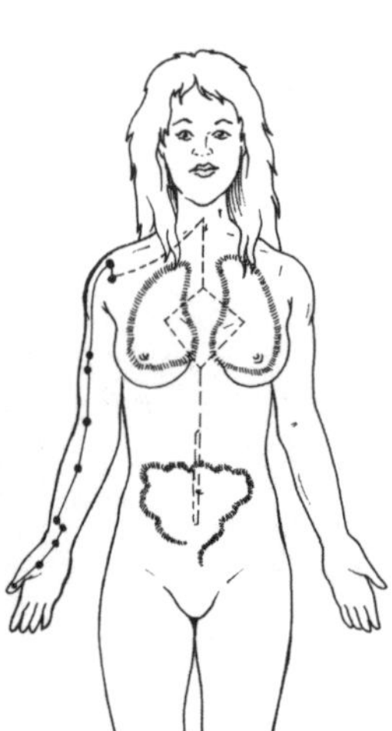

Inhaltsverzeichnis

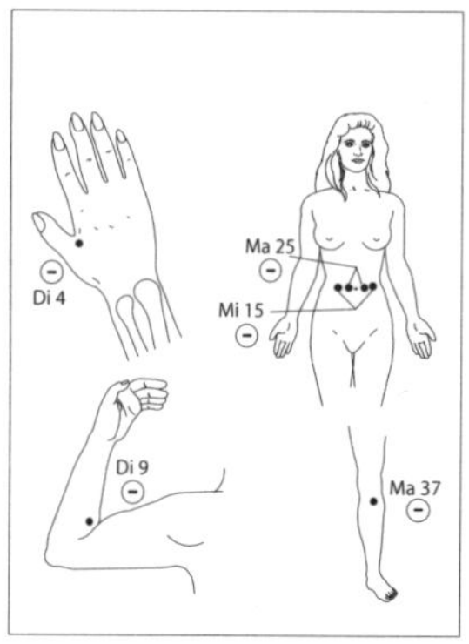
Di 4
Ma 25
Mi 15
Di 9
Ma 37

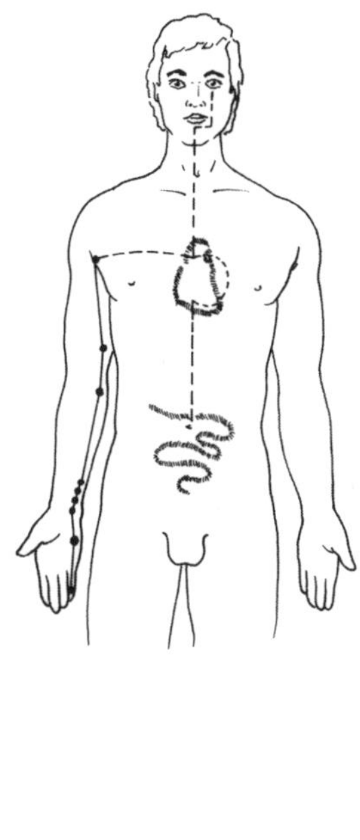

Wie dieses Buch zustande kam

Das Buch ist so aufgebaut, daß wir Menschen uns als Einheit von Körper und Gefühlen sehen können und nicht nur als eine Summe von medizinischen Daten

Ich bin eine ziemlich aktive Person und versuche, trotz meiner zahlreichen Projekte und Aufgaben, so streßfrei wie möglich zu leben. Wenn ich nun so meine Agenda durchblättere, da dürfen sich grundsätzlich keine Krankheiten manifestieren – dafür habe ich nämlich keine Zeit eingeplant. Doch auch mein Körper ist keine Maschine und manchmal, da erhalte auch ich eine „Zwangspause", um mich wieder zu regenerieren.

Fast alle Krankheiten können in drei große Kategorien eingeteilt werden, die ich Ihnen wie folgt erläutern möchte:

1. Aus der Erschöpfung

Ist unser Körper ausgelaugt, geschwächt und übermüdet, so sind wir enorm empfänglich für allerlei Viren und Erkältungen. Uns fehlen einfach die Abwehrkräfte. Die Krankheit wird zu einer Art „Zwangspause", damit sich unser Körper wieder erholen kann.

Normalerweise wissen wir ganz genau, wann wir uns selbst an diese Grenze bringen und daher werde ich in diesem Buch auch nicht weiter darauf eingehen.

2. Das körperliche Gleichgewicht

In der chinesischen Medizin steht das körperliche Gleichgewicht der Yin-Yang-Energien, die auch als Fülle und Leere bezeichnet werden, an oberster Stelle. Das Fließen der Lebensenergien durch die Meridiane (ohne Stau und ohne Leere) ist die Voraussetzung für unsere Gesundheit. Unsere 14 Hauptmeridiane sind alle miteinander verbunden und voneinander abhängig, genau so wie Yin und Yang. Wenn wir nun beispielsweise im Nierenbereich eine Schwäche aufweisen, so sind es nicht nur die Nieren selbst, die in der chinesischen Medizin betrachtet werden, sondern auch der Blasen-Energie-Kreislauf, denn dieser ist dafür zuständig, daß der Nieren-Energie-Kreislauf genährt wird.

3. Die innere Harmonie

Jedem Organ wird in der chinesischen Medizin eine Farbe, eine Himmelsrichtung und zahlreiche weitere Attribute zugeteilt. Unter anderem handelt es sich auch um sieben Gefühle. Leider findet man nur sehr wenig Information dazu, obwohl die Gefühle mit Sicherheit kein Quentchen weniger wichtig sind als unser Körper. Das war, neben der Faszination der Magnettherapie, der ausschlaggebende Punkt für dieses Buch. Ich hoffe, daß auch Sie all die Informationen finden können, die so lange gefehlt haben.

Teil 1

Magnet-Therapie – altes Wissen aus dem Land der aufgehenden Sonne

Japaner sind äußerst experimentierfreudige Menschen

Daß die Japaner die Technik lieben, wissen wir alle spätestens seitdem unzählige Fotoapparate, Kopiergeräte und Computer aus dem fernen Nippon unsere Lande erobert haben. Japaner sind nicht nur „kopierfreudig" wenn es darum geht, neues Wissen in Produkten zu reproduzieren, sie sind auch äußerst experimentierfreudige Menschen. Was sie auf dem asiatischen Kontinent so einzigartig macht, ist allerdings ihr Durchhaltewillen und ihre äußerst exakte und penible Art zu arbeiten. Wenn sie an „einer Sache dran sind", wird so lange weiterexperimentiert, bis entweder der Durchbruch gelingt, oder das Projekt als 100%ig gescheitert gilt.

Die Chinesen haben diesbezüglich eine etwas leichtere Lebenseinstellung. Wird innerhalb nützlicher Frist nicht das gewünschte Resultat erzielt, so sucht man halt nach neuen Möglichkeiten, nach neuen Zielen und neuen Aufgaben. Chinesen sind großartige, vielleicht sogar die besten Beobachter und „Seelenforscher". Das wiederum erkennt man in all den alten Schriften, dem I-Ging, der chinesischen Medizin und dem Feng Shui.

Beide Formen des Lebens haben ihre Sonnen- und ihre Schattenseiten. Während die Chinesen manch großartige Erfindung, die fast vor dem Durchbruch stand, (z. B. die Webmaschine, lange bevor in Europa überhaupt jemand daran gedacht hätte) mangels aktuellem Erfolg im Sand verlaufen ließen, haben die Japaner akribisch genau alle Daten und Fakten gesammelt, um mit Logik und Hartnäckigkeit die Ziele zu erreichen. Dafür wiederum haben die Chinesen, weil sie für alles Interessante offen geblieben sind, viele „Erfindungen" gemacht, die sie eigentlich gar nicht gesucht hatten.

Trotz dieser grundlegenden verschiedenen Lebenseinstellungen, oder besser gesagt, dank dieser Unterschiede haben viele Bereiche eine Synergie und eine Bereicherung erleben dürfen, wie sie besser nicht sein könnten. So haben japanische Reisende von der chinesischen Medizin, den Meridianen und den Akupressurpunkten gehört und dieses Wissen nach Japan „importiert". Ihrer Natur entsprechend haben sie daran weitergefeilt, erforscht und getestet. Irgendwann sind in Japan neue, zusätzliche Hilfsmittel eingesetzt worden, unter anderem Magnete. Nach den ersten Testreihen war klar – eine neue Therapieform war geboren.

Doch nicht nur in Japan, auch in Indien und in zahlreichen Ländern, wo stark magnethaltiges Gestein verfügbar war, ist etwas Analoges zur Magnettherapie entwickelt worden. Die grundlegenden Erkenntnisse verdanken wir allerdings dem Land der aufgehenden Sonne, wo bis in die heutige Zeit in Krankenhäusern und Kliniken Forschung mit Magneten betrieben wird.

Jeder Mensch ist eine Welt für sich

Nach der chinesischen Philosophie ist der Mensch weder von der Natur noch vom Universum trennbar, denn er ist ein Teil davon

Der Ursprung der Magnet-Therapie liegt also gewissermaßen in China – bei der chinesischen Medizin – und auf dieser Seite möchte ich Sie zu einem Zeitsprung zurück an die Anfänge entführen.

Nach der chinesischen Philosophie ist der Mensch weder von der Natur noch vom Universum trennbar, denn er ist ein Teil davon. Jedes unserer Organe ist mit einem der fünf Elemente verbunden, genauso wie unsere Gefühle.

Vor langer, langer Zeit, wo die Sprache und die Ausdrucksweise noch etwas blumiger sein durfte als heute, wurde der Mensch als eine kleine Welt für sich wie folgt beschrieben:

Der Kopf ist das Firmament und die Haare sind
die Sterne und die Sternbilder,
Sonne und Mond sind unsere Augen und die Ohren,
der Atem und die Seele repräsentieren den Wind,
das Blut steht für den Regen, der die Erde fruchtbar macht.

Die Blutgefäße und die Körpersäfte sind
die Flüsse, Bäche und Ströme
und die Öffnungen des Körpers
symbolisieren die Täler dieser Welt.

Das Knochengerüst steht standhaft wie die Berge und
das Sinnbild der Zeit sind unsere vier Gliedmaßen,
die vier Jahreszeiten.

Im I-Ging entspricht der Himmel dem Kopf
und die Erde dem Bauch.

Im Pa-Kua-Spiegel sieht sich der Betrachter
in der Harmonie der acht Bereiche,
oben ist der Himmel, unten ist die Erde und
in der Mitte, da steht der Mensch.

Die Ganzheitlichkeit und die Gegensätze

In all den chinesischen Lehren, die dem Mensch, seinem Wohlbefinden und natürlich auch seiner Gesundheit dienen, sind es immer wieder die gleichen Grundlagen, in denen alles wurzelt:

Die Lehre von Yin und Yang

Yin und Yang sind Gegensätze
(Tag/Nacht – weiblich/männlich etc.)
Yin und Yang sind abhängig voneinander
(wenn es eine Nacht gibt,
wird es einen Tag geben)
Yin und Yang brauchen und
verbrauchen sich gegenseitig
(wenn der Tag zu Ende geht, wird es Nacht)
Yin und Yang wandeln sich ineinander um
und verschmelzen
(irgendwann am Abend und am Morgen ist es
weder Tag noch Nacht, aber etwas von beidem)

Yang Energie zeigt sich im Körper als

Hitze – Trockenheit – nach außen hin gerichteter Charakter – Aktivität – Schnelligkeit – Ausbreitung (Körperhaltung und Charakter) und am „geraden" Rückgrat (Rückseite des Körpers).

Yin Energie zeigt sich im Körper als

Kälte – Nässe – nach innen hin gerichteter Charakter – Passivität – Langsamkeit/Behutsamkeit – das Zusammenziehen (Körperhaltung und Charakter) und an der weichen Körperhaltung (Vorderseite des Körpers – runde Körperhaltung).

Wir alle haben unser ganz persönliches Gleichgewicht, bei dem wir uns wohl fühlen. Entsprechend gibt es keinerlei gültige Regel, wieviel Yin oder wieviel Yang jemand „haben" muß, um sich gut und gesund zu fühlen. Wird allerdings ein sehr aktiver Mensch zu Passivität gezwungen, gerät das Gleichgewicht ganz schnell aus dem Lot. Auch verträgt nicht jeder gleich viel Hitze oder Kälte. Was bei dem einen unverzüglich schnell zu einer Erkältung führen kann, ruft bei jemand anderem höchstens ein paar Stunden beeinträchtigtes Wohlbefinden hervor.

Es gibt kein „genormtes" Verhältnis von Yin- und Yang-Energie

Die Lehre der fünf Elemente

Holz brennt,
damit das **Feuer** leben kann, dessen Asche
die **Erde** nährt, in welcher
das **Metall** entsteht, das geschmolzen
wie **Wasser** fließt und dann wiederum
das Holz nähren kann, das brennt,
... damit das Feuer leben kann ... usw.

**Feng-Shui-Buch: „Wenn Räume erwachen", erschienen im Windpferd Verlag*

Die fünf Elemente werden auch fünf Wandelzustände genannt

Zwar haben wir alle unser persönliches Element (analog unserem Sternzeichen) und unser Feng-Shui Element (analog dem Aszendenten), die uns überordnend mitbeeinflussen*, doch innerhalb unseres Körpers sind alle fünf Elemente vertreten. Wenn wir krank sind oder uns krank fühlen, beispielsweise Blasenschwäche (Element Wasser), beeinträchtigen wir auch das im schöpferischen Zyklus folgende Element mit seinem zugehörigen Organ (z. B. Leber), da diese nicht mehr genährt wird. Das Element Wasser steht aber auch für das Gefühl Furcht, die Kälte und alle Abwärtsbewegungen. So kann uns die Furcht Angst machen, die Kälte zum Problem werden und die Abwärtsbewegungen werden gestört (z. B. kalte Füße, die Wärme geht nicht mehr bis nach unten, die warme Energie fließt nicht mehr bis zum Ziel). Sie werden im ganzen Buch verteilt immer wieder Informationen zu den fünf Elementen finden. Bei der Vorstellung der einzelnen Meridiane sind die einzelnen Eigenschaften noch separat aufgelistet.

Die fünf Elemente beeinflussen sich gegenseitig

Die Lehre von Qi und den drei Schätzen

In den ganz alten chinesischen Medizinschriften wurde Qi als „die Wurzel alles Seins" definiert

Das Wort Qi (Chi) wird vielfältig übersetzt, meist jedoch als „die Lebensenergie". Keine Definition kann jedoch exakt genug sein, denn Qi fließt nicht nur in unserem Körper, es beseelt auch den Geist. Zudem umfaßt das Qi nicht nur uns Menschen, sondern das gesamte Universum. In den ganz alten chinesischen Medizinschriften wurde Qi als „die Wurzel alles Seins" definiert. Etwas Höheres gibt es wohl kaum.

Um Chi zu aktivieren, praktizieren die Chinesen Tai-Chi, Chi-Gong und weitere ähnliche bewegende wie auch statische Abläufe von Übungen.

Der erste Schatz: Die Lebensenergie Qi

Willkürliche und unwillkürliche Bewegungen werden in der chinesischen Medizin dem Qi zugeschrieben. Dabei kann es sich um die Atmung während dem Schlafen, dem Herzschlag, dem Zukken von Nerven, die Umwandlung von Nahrung in weitere Energie handeln. Auch die Tatsache, daß wir unseren Körper wie auch unseren Geist bewegen (denken) können, verdanken wir Qi. Die Lebensenergie hält uns warm (36.5°) und schützt uns vor Krankheiten und negativen Einflüssen.

Der zweite Schatz: Shen – der Geist

Shen kann man am einfachsten als „der Geist des Qi" benennen. Shen „wohnt" im Blut und strömt durch die Arterien und Venen in unserem ganzen Körper. Je weniger gesundes Blut, desto weniger Shen kann transportiert werden. So ist Blutarmut und intensiver Blutverlust (bei Frauen: starke Blutungen / Geburten) bei Unfällen ein Manko an Shen, das Nervosität, Ängstlichkeit, Konzentrationsschwäche und schlechtes Einschlafen mit sich bringt.

Qi, Shen und Jing sind die drei Schätze

Der dritte Schatz: Jing – das persönliche Potential an Energie

Was wir als Erbanlagen und Konstitution bezeichnen, könnte in etwa dem Jing gleichgesetzt werden. Allerdings ist das chinesische Jing ein fest mitgegebenes Quantum an Energie, das jeder Mensch bei seiner Geburt mit auf den Weg bekommt und mit dem er so umgehen muß, daß es bis ans Ende seines Lebens reicht. Maßvoll mit unseren Kräften umzugehen, sich nicht zu überschätzen aber auch nicht zu unverfroren, das ist bewußtes Einsetzen von Jing. Im Alter, wenn unser Gedächtnis nachläßt, die Haare grau und die Zähne schwach werden, dann ist auch unser Jing schwächer geworden. Um das Jing so lange wie möglich „frisch und sprudelnd" zu halten, werden die gleichen Übungen praktiziert wie zur Erschaffung von Chi.

Die Harmonie von Körper und Geist

Unser Körper befindet sich in ständigem Wandel und dies gleich in mehrfachem Sinne. Der erste Wandel ist sicherlich der ganz normale Tagesablauf, vom Morgen zum Abend und durch die Nacht. Wenn wir essen, uns bewegen oder einfach nur entspannen oder schlafen, es sind immer andere Bereiche des Körpers im Einsatz. Wenn wir essen hat unser Magen mehr zu tun, als wenn wir schlafen. Auf der Joggingbahn ist die Lunge, der Blutkreislauf und die Muskulatur um einiges mehr gefordert als beim Essen.

Auch unsere Gedanken und unsere Gefühle beeinflussen den Körper genauso stark wie äußere Einflüsse

Doch auch unsere Gedanken und unsere Gefühle beeinflussen den Körper und zwar genauso stark wie die Lungen beim Joggen oder der Magen beim Essen beansprucht werden. Die chinesische Medizin beinhaltet daher neben den Organen, den Körperteilen und den Meridianen noch die sieben Emotionen. Die Gefühle werden über die Meridiane, auf die wir gleich noch zu sprechen kommen, durch den Körper transportiert.

Die sieben Gefühle

Zorn	wohnt im Element Holz	beeinflußt den Leber-Meridian	Yin
		beeinflußt den Gallenblasen-Meridian	Yang
Freude	wohnt im Element Feuer	beeinflußt den Herz-Meridian	Yin
		beeinfl. d. Meister-des-Herzens-Meridian	Yin
		beeinflußt den Dünndarm-Meridian	Yang
		beeinfl. den Dreifach-Erwärmer-Meridian	Yang
Sorgen und Anteilnahme	wohnt im Element Erde	beeinflußt den Milz-Meridian	Yin
		beeinflußt den Magen-Meridian	Yang
Kummer und Traurigkeit	wohnt im Element Metall	beeinflußt den Lungen-Meridian	Yin
		beeinflußt den Dickdarm-Meridian	Yang
Furcht	wohnt im Element Wasser	beeinflußt den Nieren-Meridian	Yin
		beeinflußt den Blasen-Meridian	Yang
Nachdenklichkeit		beeinflußt die Mutter aller Yin-Meridiane Du Mai	Yin
Schock		beeinflußt den Vater aller Yang-Meridiane Ren Mai	Yang

Dies ist eine Art „Ur-Liste", bei der die fünf Elemente, die sieben Gefühle und die zwölf Meridiane in ihrem Zusammenwirken gezeigt werden. Sie ist in vielen Büchern, die sich mit chinesischer Medizin befassen, mehr oder weniger vollständig zu finden. Was allerdings bedeutend interessanter wird, ist die Weiterentwicklung dieser Aufstellung. Doch genau dieser Teil wurde über lange Zeit nur mündlich weitergegeben.

Die folgende Auflistung zeigt die mündlich übertragene weitere Interpretation aus den sieben Gefühlen. Ich möchte bei dieser Gelegenheit darauf hinweisen, daß es sich sicherlich noch nicht um die endgültige Fassung handelt, da die Medizin (östlich wie westlich) noch viele andere Verbindungen finden wird, denn das Zusammenspiel von Psyche und Körper birgt noch viele Geheimnisse und ist zudem nicht bei jedem Menschen gleich. In diesem ganzen Buch kann ich mich natürlich nur auf das Wissen stützen, das ich selbst gelernt habe und unterstreichen, daß für mich die Interpretationen stimmen. Allerdings möchte ich es jedem Leser selbst überlassen, inwieweit er oder sie dieses „Geheimwissen" für sich akzeptiert. Im Kapitel der Meridiane ist ebenfalls ein Teil der Interpretation der Meridiancharaktere auf dieser mündlich überlieferten Grundlage aufgebaut.

Die folgende Auflistung zeigt die mündlich übertragene weitere Interpretation aus den sieben Gefühlen

Zorn (Holz)	wirkt als Barriere, die Zukunft zu planen	Leber-Meridian
	verbraucht unsere psychische Stärke	Gallenblasen-Meridian
Freude (Feuer)	gibt Selbstvertrauen und innere Stärke	Herz-Meridian
	verbindet das Ich mit dem Du	Meister-des-Herzens-Meridian
	wirkt klärend auf unseren Geist	Dünndarm-Meridian
	aktiviert unsere innersten Kräfte	Dreifach-Erwärmer-Meridian
Sorgen (Erde)	schwächen unsere denkerische Kraft	Milz-Meridian
	erschweren, Gut und Schlecht zu trennen	Magen-Meridian
Kummer (Metall)	macht es schwer, in der Gegenwart zu leben	Lungen-Meridian
	erschwert, sich selber schützen zu können	Dickdarm-Meridian
Furcht (Wasser)	macht es unmöglich, sich zu entfalten	Nieren-Meridian
	hemmt die Selbstsicherheit	Blasen-Meridian
Nachdenklichkeit	hemmt alle Aktivität	Du Mai
Schock	macht die Harmonie unmöglich	Ren Mai

Für das bessere Verständnis finden Sie anschließend zu den zwölf oben erwähnten Meridianen, die auch Kinder-Meridiane genannt werden (Ren Mai = Muttermeridian / Du Mai = Vatermeridian), die mit einem Element verbunden werden, noch weiterführende Information und Interpretation:

Noch weitere Informationen und Interpretationen zu den Meridianen

Wer **zornig** ist, wir sagen auch „blind vor Wut", hat eine getrübte Sicht der effektiven Situation. Die **Leber** entgiftet den Körper, und erst wenn eine Situation bereinigt ist, kann für die Zukunft geplant werden. Ansonsten holt einen die Vergangenheit immer wieder ein. Wer das nicht tut, vergiftet sich (sein Lebensklima) selbst.

Wut und Zorn verbraucht viel Kraft, die wir produktiver anderswo einsetzen könnten und die uns dann auch fehlt, wenn sie einfach verpulvert worden ist. **Die Gallenblase** speichert die Galle, die uns hilft, Fette zu verdauen und fettlösliche Vitamine aufzunehmen. Dies ist ein „harter Job", den die Gallenblase übernommen hat und daher steht sie für Mut und psychische Stärke, sich auch großen Aufgaben stellen zu können.

Wer sich **freut,** beginnt innerlich zu wachsen. Das gibt ein Gefühl von innerer Stärke und Selbstvertrauen. Bei großer Freude verändert sich auch der Herzschlag, zumindest fühlt man wie das **Herz** stärker schlägt. In ganz schönen Momenten rast das Herz vor Glück.

Wer sich **freut,** lächelt auch mehr. Und lächeln ist ansteckend. Es ist fast unmöglich, mit einem 7-Tage-Regen-Gesicht neue Menschen kennenzulernen. Nicht so mit einen Lächeln. Wer mit anderen Menschen spricht und sich austauschen kann, erfährt Neues in einer Art „aktivem Kreislauf" von Gedankenaustausch. Der Meister-des-Herzens-Meridian wird mit der entfernteren Tätigkeit des Herzens, hauptsächlich dem **Blutkreislauf** (sowie der Blutqualität) in Verbindung gebracht.

Wer sich **freut,** studiert normalerweise nicht den alten Sorgen nach, sondern verfügt über einen „freien Kopf". Wer einen freien Kopf hat, kann seine Entscheidungen viel freier, schneller und sicherlich klarer fällen. Im Dünndarm werden parallel und gleichzeitig unzählige Entscheidungen getroffen, auch wenn wir im Alltag nichts davon spüren. Moleküle werden gespalten, Enzyme umgewandelt, Galle zugeführt, Hormone produziert, um nur einige zu nennen. Erst wenn unser **Dünndarm** Entscheidungsschwierigkeiten hat, merken wir das – nicht zu knapp.

Wer sich **freut,** dem wird es nicht nur warm ums Herz, der hat auch generell warm. Der Meridian mit dem speziellen Namen: **Dreifach-Erwärmer** heißt aus dem Englischen wörtlich übersetzt: Dreifach-Energetisierer. Er gibt uns in dreifacher Weise Energie und Wärme: bei der Atmung, der Verdauung und im urogenitalen Bereich.

Wer sich **sorgt**, ist mit seinen Gedanken so an das Problem gefesselt, daß kaum Platz für anderes bleibt. Somit ist unsere denkerische und logische Kraft blockiert und kann uns keine antreibenden Impulse liefern. Wer von Sorgen geplagt wird, kann sich kaum dagegen wehren, es fehlt an Abwehrkräften. Die **Milz**, dieses in vielen Medizinbüchern vernachlässigte Organ, ist für die Produktion von Abwehrstoffen zuständig.

Wer sich **sorgt**, hat keinen klaren Kopf mehr. Jeder Ratschlag, jeder Strohhalm, ob gut oder schlecht, erhält ein offenes Ohr, was letztlich nur noch zu mehr Verwirrung führt. Unser **Magen** hat die schwierige Aufgabe, Tag für Tag Gut und Schlecht zu trennen, zu sondieren, was brauchbar und was überflüssig ist.

Wer **Kummer** hat, ist oft mit seinen Gedanken in der Vergangenheit (wo alles noch gut war) oder in der Zukunft (in der Illusion, wie es sein würde, wenn ...) Fast alle Menschen atmen bei Kummer nicht mehr tief genug, sondern nur noch flach, und somit wird die **Lunge** nicht mehr mit genügend Sauerstoff versorgt.

Wer **Kummer** hat, ist meist auch sehr zerbrechlich und den Angriffen der Umwelt ziemlich hilflos ausgesetzt. Auch der **Dickdarm** ist relativ „arm dran", denn er erhält lediglich den bereits an wichtigen Stoffen ausgeplünderten und wertlosen Speisebrei, um ihm noch das Wasser vor dem Ausscheiden zu entziehen.

Wer sich **ängstigt**, macht sich so klein wie möglich und denkt sicherlich nicht daran, sich zu entfalten oder gar die Familie durch Kinder zu vergrößern. Angst wirkt wie ein Gift, das den Willen zu sein zerstört. Die **Niere** ist das wichtigste Ausscheidungs- und Entgiftungsorgan.

Wer sich **ängstigt**, fühlt sich automatisch nicht mehr sicher und muß viel öfter, meist ganz dringend „Pipi". Da jedoch die **Blase** gar nicht viel Urin gesammelt hat, kommt fast nichts.

Strahlend wie eine erblühte Rose

Nur das Ganze, das Gesamte hält zusammen und bleibt gesund

Unser gesunder Körper gleicht der Blüte einer Rose. Zieht man ein Blütenblatt heraus, fallen jedoch nach und nach auch die anderen Blätter ab. Nur das Ganze, das Gesamte hält zusammen und bleibt gesund.

Wir alle tun uns immer wieder Ungesundes oder Schlechtes an, sei es durch Streß, mangelhafte Ernährung, Nikotin, Alkohol, Tabletten, Überbelastung, Unterforderung oder was auch immer. Das kommt in etwa der Tatsache gleich, als ob wir immer wieder am gleichen Rosenblatt ziehen, so lange, bis es fast herausfällt.

Wenn wir beispielsweise an einem Blatt gezogen haben, das im menschlichen Körper für das Herz (Organ) zuständig ist, also für unser Herz und unseren Blutkreislauf keine Sorge getragen haben, so lösen wir noch einen weiteren Prozeß aus: Wir beeinflussen bereits die nächsten Organe, die dadurch ebenfalls geschwächt werden, nämlich den Dünndarm, den Kehlkopf und unsere Augen.

Wie eine Rose, die durch den Verlust eines einzelnen Blütenblattes zerfällt, so sind auch wir Menschen auf eine sehr zarte und

Die Knospen, auf denen unsere persönlichen Blütenblätter aufgereiht sind, heißen Meridiane

manchmal auch zerbrechliche Weise in unserem Innersten von Organ zu Organ, von Geist zu Seele und zum Körper verbunden. Die Knospen, auf denen unsere persönlichen Blütenblätter aufgereiht sind, heißen Meridiane.

Meridiane, die Energiebahnen des Menschen

Durch einen Unfall, Krankheit oder auch Gedanken kann eine Energiebahn blockiert werden

So wie die Straßen Ortschaften miteinander verbinden, transportieren die Meridiane die Energien zwischen den einzelnen Organen und Körperteilen. Ist eine Straße durch eine Baustelle oder einen Unfall schlechter passierbar, entsteht unmittelbar ein Stau im Verkehr. Genau gleich ergeht es der Energie, die durch unseren Körper zirkulieren möchte. Ist durch einen Unfall oder eine Krankheit die Energiebahn weniger gut zugänglich, so stockt automatisch auch der Energiefluß. Doch nicht nur Krankheiten und Unfälle lösen diese Stockungen aus, es sind auch unsere Gedanken, die sich wie kleinere (und manchmal auch recht große) Straßensperrungen auf unseren Energiebahnen festsetzen können.

In unserer Sprache haben wir diese Tatsache bereits voll und ganz integriert. Genau so, wie wir die Formen des Staus im Straßenverkehr ganz genau definieren können, genau so haben wir „geflügelte Worte“ und ganze Redewendungen, die die Staus im Körper und letztendlich unser Nicht-Wohlbefinden absolut perfekt zum Ausdruck bringen.

Impulse des Wohlbefindens und der Disharmonie

Ein nettes Wort, eine hilfreiche Hand, ein lieber Freund. So mancher Schmerz und Kummer heilt sich von selbst und verfliegt, bevor er zu einem negativen Lebensgefühl oder gar zu einer Krankheit werden kann. Unser Wohlbefinden steht in ständiger Wechselwirkung mit unserer Umwelt, unserer Familie, unseren Freunden und den Arbeitskollegen. Liebe, verständnisvolle und fröhliche Menschen um uns sind Balsam für unser Wohlbefinden. Doch nicht alles kann mit „einem Hauch des Lächelns“ vertrieben werden.

Packt uns der Chef täglich eine neue Last auf die Schultern, möchten wir am liebsten einer Tatsache gar nicht mehr ins Auge blicken oder haben wir einfach die Nase gestrichen voll von einer Situation, so dürfen wir uns nicht wundern, wenn wir Schmerzen an den Schultern, entzündete und übermüdete Augen oder eine völlig verstopfte Nase plötzlich unser Eigen nennen.

Wenn wir uns gut und wohl fühlen, dehnen wir uns aus. Das beginnt bei der entspannten Atmung und zieht sich wie ein roter Faden über die gesamte Körperhaltung. Ob am Pult oder auf dem Sofa, als Fußgänger oder im Lift, kaum jemand wird uns an guten Tagen zu nahe treten.

Fühlen wir uns nicht so gut, dann ziehen wir uns zusammen. Wir atmen nicht mehr richtig, wir verkrampfen unsere Muskulatur, lassen die Schultern hängen, knirschen im Streß mit den Zähnen und wir winden uns auf kleinstem Raum zusammen. Das sind die Tage, wo jeder, der uns noch was Negatives oder Böses zu sagen hat, den „kalten Eimer über uns ausschüttet", wo wir beim Einkaufen angerempelt werden und wo uns am ersehnten Feierabend im engen Lift zur Krönung noch jemand auf die Füße tritt.

Wir stehen mit unserer Umwelt also in einer Art „Wechselwirkung", deren Art unser Wohlbefinden beeinflußt

Wir stehen mit unserer Umwelt also in einer Art „Wechselwirkung" und je nachdem wie wir uns fühlen, senden wir starke, gute und gesunde Impulse aus, oder unsere Signale sind schwach, zerbrechlich und zaghaft.

Impulse der Umwelt

Oben ist der Himmel, unten die Erde und
in der Mitte steht der Mensch.

Dies ist ein uralter chinesischer Ausspruch, der seinen Ursprung im alten Pa-Kua findet. Der Mensch ist das Bindeglied zwischen Himmel und Erde. Doch wenn wir den Boden unter den Füßen verlieren und uns der Himmel auf den Kopf fällt, so ist von unserer inneren Harmonie und Ausgewogenheit leider ganz schnell nicht mehr viel vorhanden.

Das Pa-Kua ist ein magisches Quadrat, das im Feng Shui Anwendung findet. Siehe Buch:„Wenn Räume erwachen"

Doch nicht nur eine fehlende Harmonie von „geerdet sein – mit beiden Füßen im Leben stehen" zu „den Kopf frei haben für die Fantasie, das Beschwingte, den Himmel und die Träume", sondern auch ganz alltägliche und realistische Tatsachen wie Erdstrahlung, Erdmagnetismus, Elektrosmog und Umwelteinflüsse bringen das Gleichgewicht mitunter ganz schön ins Wanken.

Der Mensch ist das Bindeglied zwischen Himmel und Erde

So wie der unangenehme Chef uns eine Last auf die Schultern laden kann, so rauben uns die Erdstrahlen (vor allem Bodenverwerfungen und Wasseradern) den letzten Nerv und mit Sicherheit den erholsamen Schlaf.

Auch der Himmel kann uns negative Energie zusenden, allerdings nicht in der gleichen Regelmäßigkeit wie die Erde, aber dafür um so heftiger. Die Zeit kurz vor einem Gewitter löst in uns Menschen teilweise fast unerträgliche Spannung aus. Die Luft ist zu diesem Zeitpunkt bis zu vierzigmal mehr aufgeladen, als im

„normalen Zustand". Da wir diese Spannung einatmen, in uns aufnehmen und auch wieder an unsere Umwelt abgeben, ist es nicht verwunderlich, wenn dann eine normale Autofahrt in ein absolut hektisches, fast chaotisches Treiben ausartet. Erst wenn der reinigende Regen einsetzt und sich die Blitze entladen, kehrt bei Mensch und Tier wieder Ruhe ein.

Mit den „Errungenschaften der Zivilisation" werfen wir selbst unsere ursprüngliche Harmonie aus dem Gleichgewicht

Doch nicht nur der Himmel und die Erde haben für uns störende Momente und Formen, auch wir Menschen haben unseren guten Teil dazu beigetragen, die ursprüngliche Harmonie um einiges aus dem Gleichgewicht zu werfen. Der Elektrosmog von Computerbildschirmen, Lampen, Stereo- und TV-Geräten macht uns nervös, gereizt und zippelig und negative Umwelteinflüsse, angefangen bei flackerndem Licht bis hin zu Lärm und Hochspannungsmasten lösen alle Arten von Streß in uns aus.

Magnetische Impulse

Wir reagieren auf alle Formen und Arten von Impulsen, nette Worte, böse Worte, Streß, Freude, Erdstrahlen, Elektrosmog und vieles mehr, ob wir wollen oder nicht.

Wir reagieren aber auch auf andere Formen von Impulsen, nämlich Magnete

Wir reagieren aber auch auf andere Formen von Impulsen, nämlich Magnete. Die magnetische Anziehung des Mondes, der auf der Erde Ebbe und Flut bewirkt, hat selbstverständlich nicht nur auf die großen Gewässer Einfluß, sondern auch auf uns „kleine" Menschen. Zudem ist auch unsere Erde leicht magnetisch, wir haben einen Süd- und einen Nordpol, ein elektromagnetisches Erdanziehungsfeld und unterliegen den Gesetzen der Schwerkraft.

Auch wir Menschen haben in unserem Körper Eisen, das genauso reagiert wie jeder simple Nagel

Wenn wir Eisen (z. B. einen Nagel) einem starken Magneten aussetzen, wird dieses innerhalb sehr kurzer Zeit ebenfalls zu einem Magneten. Ein Magnet wirkt auf Eisen wie ein Kamm, der die Metallteilchen ausrichtet, und zwar in einen Süd- und einen Nordpol. Die Elektronen drehen am Nordpol linksherum und am Südpol rechtsherum. Überall, wo sich Eisen befindet, wirken logischerweise die Magnete und „kämmen die Unordnung in ihre typische Ordnung von Nord-Süd". Auch wir Menschen haben in unserem Körper Eisen, das genauso reagiert wie jeder simple Nagel.

Da die magnetische Kraft unserer Erde nicht mit unseren modernen Baumaterialien gerechnet hat, kann in vielen Betonhäusern und auf Asphaltstraßen der gesunde Erdmagnetismus keinen aktivierenden Einfluß mehr auf uns Menschen haben. Man könnte dieses Fehlen in etwa einem Vitaminmangel gleichsetzen.

Bereits vor sehr langer Zeit hatte man dem „Kämmen des Körpers" mit Hilfe von Magneten folgende gesundheitliche Unterstützung zugeschrieben: Verbesserte Heilung von Wunden, verstärkte

Durchblutung, Abklingen von Narben, verbesserte Blutgerinnung, Hemmung von Geschwülsten und leichteres Zusammenwachsen bei Knochenbrüchen.

In der modernen Zeit kommt noch das Wiederherstellen des inneren Gleichgewichts, der Vitalität und einiges mehr dazu.

In der medizinischen Magnettherapie werden die Akupressur-Punkte zum Auflegen der Magnete verwendet. Die meisten von uns sind jedoch kein Fachmann/Fachfrau auf dem Gebiet der chinesischen Medizin. Mit Magnetschmuck kann jeder ohne große Kenntnisse vorbeugend und auch unterstützend seinem eigenen Körper helfen und viel für das optimale Wohlbefinden herausholen und erreichen. Schwangere und Personen, die einen Herzschrittmacher tragen, dürfen grundsätzlich keine Magnete verwenden. Trotzdem kann ihnen dieses Buch eine große Hilfe sein, denn sämtliche Behandlungspunkte für die Magnete sind Akupressur-Punkte und können auch mit einer Massage stimuliert werden.

Mit Magnetschmuck kann jeder ohne große Kenntnisse seinem Körper helfen

Vom Impuls zum Puls

Am Handgelenk können wir unseren Puls ertasten, der normalerweise rhythmisch und gleichmäßig ist. Sind wir aufgeregt, so schlägt unser Herz schneller und unser Puls nimmt sich ganz anders wahr. Je nach Stimmung und Verfassung ändert sich unser Pulsschlag und ist erst wieder ausgeglichen und „normal", wenn wir selber wieder ruhig, zufrieden, entspannt oder neu gekräftigt, gestärkt und aufgebaut und natürlich vor allem gesund sind.

Wenn wir nun tagtäglich unter den Impulsen unserer Umwelt und im seelischen Bereich Impulsen des Wohlbefindens wie auch der Disharmonie ausgesetzt sind, so macht sich das langfristig an unserem eigenen Puls bemerkbar. In der chinesischen Heilkunde wird auch tatsächlich nach dem Puls diagnostiziert, und zwar nach den zwölf verschiedenen Pulsen:

Durch Umwelteinflüsse und unser seelisches Befinden ändert sich auch der Puls

An der linken Schlagader:	*An der rechten Schlagader:*
Dünndarm-Meridian	Dickdarm-Meridian
Herz-Meridian	Lungen-Meridian
Gallenblasen-Meridian	Magen-Meridian
Leber-Meridian	Milz-Merian
Blasen-Meridian	Dreifach-Erwärmer-Meridian
Nieren-Meridian	Meister-des-Herzens-Meridian

Wenn nun die chinesischen Ärzte fähig sind, anhand der beiden Handgelenke den Zustand, die Stärke und die Vitalität von allen zwölf Hauptmeridianen zu erkennen, so sind unsere Handgelenke wohl eine ganz exklusive Stelle unseres Körpers.

Viele von Ihnen werden sich an die Kupferarmbänder erinnern, die einigen von uns die Handgelenke so schön grün gefärbt haben. Kupfer ist eines der leitfähigsten Materialien und daher haben diese Armbänder eine ähnliche Wirkung ausgelöst wie die Magnetarmbänder. Sie haben ihre leitende Kraft in die Meridianpunkte weitergegeben. Bei vielen Menschen, die chronisch unter Kopfschmerzen gelitten haben, waren diese Kupferreifen eine große Entlastung. Magnete wirken allerdings gezielter, weil es in ihrer Natur liegt, die Nord-Süd-Ordnung wieder herzustellen.

Das Ganze ist zweimal die Hälfte

Yin und Yang stehen sich als Gegensätze gegenüber und ergänzen einander, sie gehen fließend ineinander über und tragen einer des anderen Keim in sich

Yin und Yang prägen sich auf allen Ebenen des Daseins und in allen Erscheinungsformen des Lebens aus. In der chinesischen Medizin sind sie von höchster Bedeutung. Sie stehen sich als Gegensätze gegenüber und ergänzen einander, sie gehen fließend ineinander über und tragen einer des anderen Keim in sich. Yin/Yang sind nicht nur „Dualseelen“, unzertrennlich in alle Ewigkeit, sie verkörpern noch mehr, nämlich die Tatsache, daß diese Zwillingskräfte im vollkommenen Gleichgewicht zueinander stehen und daß erst dadurch eine echte Harmonie entstehen kann.

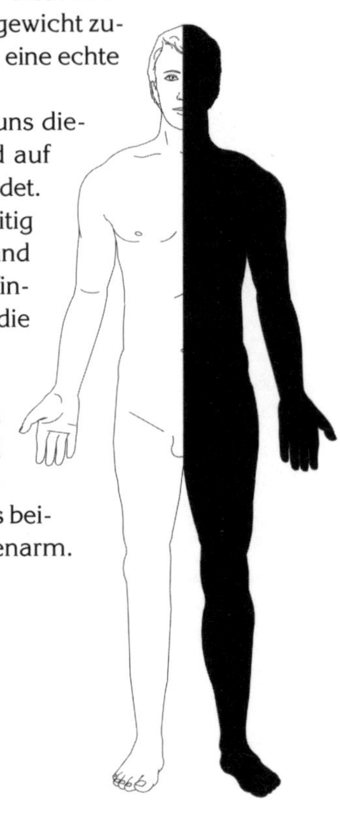

Auch wir Menschen haben alle in uns diese „Yin/Yang-Unterteilung“, sie wird auf ganz verschiedene Bereiche angewendet. Die simpelste Aufteilung ist gleichzeitig die Basis für sehr viel aufbauende und hilfreiche Unterstützung des Wohlbefindens im Alltag: Die Unterteilung in die rechte und linke Seite des Körpers.

Von einer anderen Perspektive aus gesehen haben wir eine Vorder- und eine Rückseite, und wenn wir nur einen Teil von uns betrachten, so ist dies beispielsweise der Innen- und der Außenarm.

Die vier Formen der täglichen Wechselwirkung

Zusammengefaßt stehen wir alle jeden Tag und jederzeit in den verschiedensten Wechselwirkungen. Wir haben unsere Umwelt, die auf uns einwirkt, genauso wie unsere Mitmenschen, die in uns Freude, Kraft, Mut und Wärme aber auch Streß und Belastung auslösen können. In uns selbst sind die Meridiane – die Energiebahnen, die unsichtbar unsere Organe und Körperbereiche miteinander verbinden. Und zu guter Letzt haben wir noch zwei Körperhälften, eine Yin und eine Yang-Seite, eine gebende und eine nehmende Seite.

Alle diese Wechselwirkungen stellen an uns den Anspruch, in Harmonie mit uns zu stehen

Alle diese Wechselwirkungen stellen an uns den Anspruch, in Harmonie mit uns zu stehen. Wen wundert es da, daß wir uns manchmal ein wenig überfordert fühlen.

Teil 2

Die Meridiane

Zeichnungen und Erklärungen

Akupressur und Magnettherapie basieren auf den gleichen Grundsätzen und Erkenntnissen

Je intensiver wir uns mit der Magnet-Therapie befassen, desto weniger können wir uns dem Wissen um die Meridiane entziehen. Akupressur und Magnettherapie basieren auf den gleichen Grundsätzen und Erkenntnissen.

Mit diesem Buch haben Sie die Möglichkeit, selber zu wählen, wie weit Sie sich in das Gebiet einarbeiten möchten. Sie können selbstverständlich gerne die Funktionen der einzelnen Meridiane erlernen, sich die wichtigsten Punkte merken und sich selbst mit allen gegebenen Angaben sehr weit fortbilden. Das würde mich sehr freuen, ist allerdings nicht notwendig, denn Sie können hier alles jederzeit nachschlagen.

Weiter haben Sie die Wahl, anhand der Zeichnungen im Teil 4 *„Wie wir uns selber helfen können"* die aufgeführten Punkte zu stimulieren und sich dadurch in gesunden wie auch in kranken Tagen viel Gutes tun.

Die unterstützende Magnettherapie hat noch eine ganz besondere Überraschung parat: Sie brauchen dazu nur auf den Seiten 52–53 nachzublättern.

Yin-Meridiane laufen auf der Vorderseite des Körpers, Yang-Meridiane auf der Rückseite

Doch zuerst zurück zu den Meridianen. Alle Yin-Meridiane haben ihren Verlauf auf der Vorderseite des Körpers, alle Yang-Meridiane befinden sich auf der Rückseite. Die einzige Ausnahme ist der Magenmeridian, der Yang-Charakter besitzt, aber auf der Vorderseite verläuft.

Auf den folgenden Seiten finden Sie jeweils eine Abbildung, wo der Meridian verläuft und zwei verschiedene Textbereiche. Der erste Block ist „rein technisch-medizinisches" Wissen, wo der Meridian beginnt und wo er endet, sein Element, seine Verbindungen zu anderen Meridianen etc. Diese Informationen können sehr nützlich sein, wenn man „einer Krankheit auf der Spur" ist.

Der zweite Textblock besteht aus dem lange Zeit nur mündlich überlieferten Wissen und betrifft nicht nur die körperlichen, sondern auch die seelischen und geistigen Zusammenhänge. Je länger je mehr werden Schriften veröffentlicht, in denen diese „lange geheimgehaltenen Informationen" beschrieben sind. Wenn der Mensch als Einheit von Körper, Geist und Seele gesehen wird, wie dies in den östlichen Lehren der Fall ist, so scheint es fast logisch, daß neben den körperlichen Aussagen auch noch die Informationen zu den beiden anderen Bereichen existieren müssen und auch existent sind.

Kleine wichtige Anmerkung

Der Einfachheit halber werde ich auf allen folgenden Seiten darauf verzichten, bei den nicht-medizinischen Aussagen den Hinweis zu geben, daß es sich um mündliche Überlieferungen der alten Chinesen handelt, auch wenn ich das korrekterweise auf jeder Seite tun müßte. Also: dieses Wissen ist mündlich überliefert und von unserer Wissenschaft noch nicht 100prozentig bestätigt oder als richtig anerkannt.

Meridiane sind wie Geschwister, die sich die vorhandene Energie untereinander teilen und schenken

Die Meridian-Verbindungen

Meridiane sind wie Geschwister, die sich die vorhandene Energie untereinander teilen und schenken. Wie in jeder Familie, so haben auch hier einige Geschwister eine engere Beziehung zu einander und andere sind sich weniger nah.

Die folgende Auflistung zeigt, wie die Energien untereinander verbunden sind

Der ***Herz-Meridian***

gibt seine Energie weiter an den ***Dünndarm-Meridian***

gibt seine Energie weiter an den ***Blasen-Meridian***

gibt seine Energie weiter an den ***Nieren-Meridian***

gibt seine Energie weiter an den ***Meister-des-Herzens-Meridian***

gibt seine Energie weiter an den ***Dreifach-Erwärmer-Meridian***
gibt seine Energie weiter an den ***Gallenblasen-Meridian***

gibt seine Energie weiter an den ***Leber-Meridian***

gibt seine Energie weiter an den ***Lungen-Meridian***
gibt seine Energie weiter an den ***Dickdarm-Meridian***
gibt seine Energie weiter an den ***Magen-Meridian***
gibt seine Energie weiter an den ***Milz-Meridian***
gibt seine Energie weiter an den ***Herz-Meridian***

siehe oben ...

Aus der Beziehung zu uns selbst
wird die Kraft geweckt,
Entscheidungen zu fällen,
den Geist zu klären;
daraus wächst
die innere Stabilität und die Selbstsicherheit,
die folgende Kraft in uns weckt,
den Willen, zu sein und sich zu entfalten
und sich weiter zu verbinden,
die Beziehung vom Ich zum Du zu leben
mit einem ganz persönlichen hilfreichen Freund, der uns hilft, uns selbst zu helfen;
daraus wächst
unser Mut und unsere psychische Stärke,
damit wir die Zukunft planen und Ziele stecken,
aber gleichzeitig die Kraft haben,
im Hier und Jetzt zu leben
und uns auch
selber schützen können
und die Gabe nützen,
Gut und Schlecht zu trennen,
indem wir unsere
denkerisch-logische Kraft benützen und
eine gute und gesunde Beziehung zu uns selber aufbauen können.

Ren Mai – Die Mutter aller Yin-Meridiane

Ren Mai und Du Mai sind als die Eltern der anderen Meridiane zu betrachten

Eine Mutter und ein Vater haben in jeder Familie eine herausragende Stellung, denn ohne sie entstehen keine Kinder. Ohne die Hilfe von Mutter und Vater können die Kinder nicht überleben, vor allem, wenn sie noch klein sind.

So in etwa sind die beiden Sondermeridiane Ren Mai und Du Mai zu betrachten.

Der Sondermeridian Ren Mai beginnt vor dem Anus auf dem Damm, erstreckt sich über den gesamten vorderen Rumpf und endet beim Zahnfleisch-Ansatz im Mund unterhalb der vorderen, unteren Zähne.

Ren Mai ist das Empfangende, das Weibliche

Der Sondermeridian Ren Mai verbindet 24 Körperpunkte, wobei sich einige sogenannte Alarmpunkte darunter befinden.

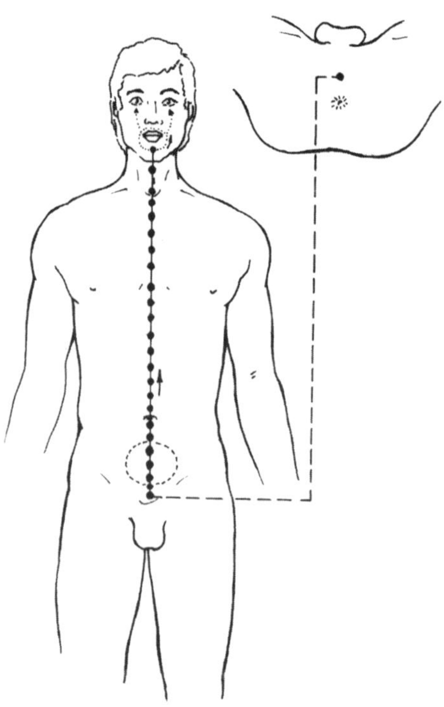

Ren Mai :
Die Mutter der Yin-Meridiane

Die vordere Körperhälfte, die das Bewahrende, das Weiche und Einfühlsame in sich trägt, entspricht dem Weiblichen, dem Yin.

Ren Mai ist der See, in dem das Empfangende, das Weibliche und das Sanfte schlummert

Ren Mai harmonisiert den Energieverlauf von folgenden Meridianen:

Lungen-Meridian
Herz-Meridian
Meister-des-Herzens-Meridian
Milz-Meridian
Nieren-Meridian
Leber-Meridian

Du Mai – Der Vater aller Yang-Meridiane

Wenn die Meridiane Flüsse und Bäche wären, die durch unseren Körper fließen, so wären die Sondermeridiane die Seen, die das Wasser beherbergen, bewahren und bei Bedarf wieder abgeben. Somit regulieren sie die Energien unter den einzelnen Meridianen, die entweder tonisieren, aufbauen oder trennen, sedieren und den Körper von Überflüssigem befreien.

Die Sondermeridiane sind wie Seen, die Energie beherbergen, bewahren und wieder abgeben

Der Sondermeridian Du Mai beginnt kurz nach dem Anus auf der Rückseite des Körpers, verläuft entlang der Wirbelsäule, über den Kopf und endet im Mund beim Zahnfleisch oberhalb der vorderen Schneidezähne.

Der Sondermeridian Du Mai verbindet 28 Körperpunkte.

Du Mai ist das Gebende, das Männliche

Du Mai: der Vater aller Yang-Meridiane

Die hintere Körperhälfte, die das Starke, das Rückgrat, das Gebende in sich trägt, entspricht dem Männlichen, dem Yang.

Du Mai ist der See, in dem das Gebende, das Männliche und das Starke wohnt

Du Mai harmonisiert den Energieverlauf von folgenden Meridianen:

Dünndarm-Meridian
Dreifach-Erwärmer-Meridian
Dickdarm-Meridian
Blasen-Meridian
Gallenblasen-Meridian
Magen-Meridian

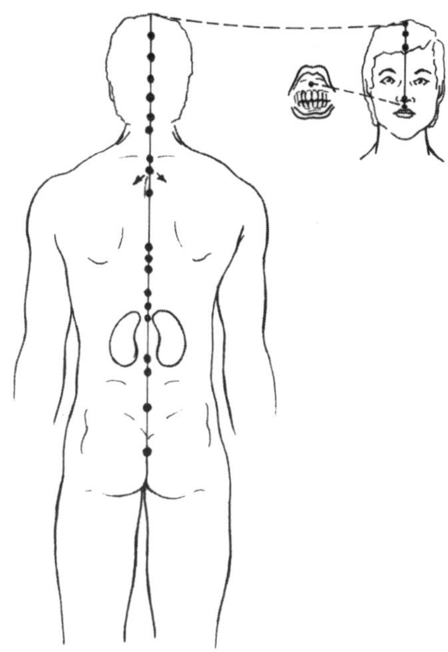

Der Herz-Meridian

Die wichtigsten Daten des Herz-Meridians

Der Herz-Meridian beginnt in der Höhe der dritten Rippe unter dem Brustmuskel. Sein Verlauf geht entlang der Innenseite der Arme bis zur Fingerspitze des kleinen Fingers.

Der Herz-Meridian steht in enger Beziehung zum Milz-Meridian, aus dem er seine Energie bezieht.

Der Herz-Meridian spiegelt die Beziehung zu uns selbst wider

Er selbst gibt seine Energie an den Dünndarm-Meridian weiter.

Der Herz-Meridian entspricht dem Element Feuer, sein Charakter ist *kleines Yin*, seine Energieform ist zentrifugal. Auf jeder Körperseite verbindet er je 9 Punkte = total 18 Körperpunkte.

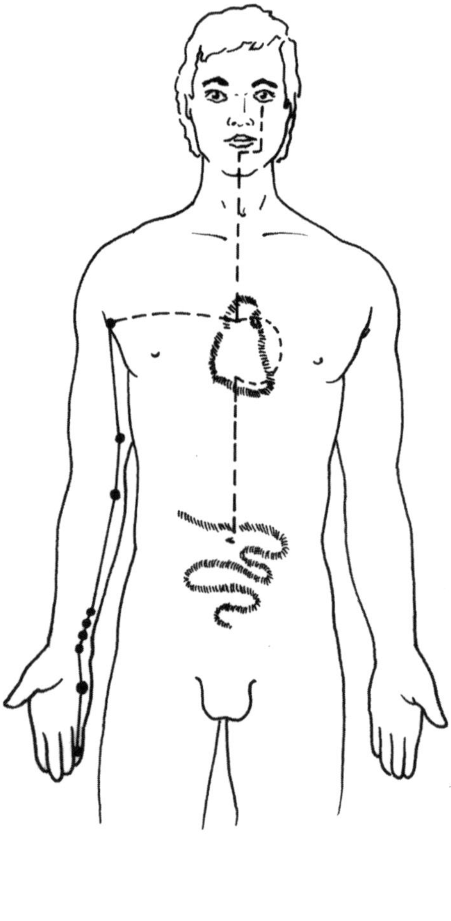

Der Herz-Meridian: „Sitz des Geistes"

Er beherbergt unsere Gefühle, unser Bewußtsein, unser Denken, unser Gedächtnis, den Schlaf und unsere Aktivität.

Er spiegelt die Beziehung zu uns selbst wider

Der Herzmeridian ist zuständig für das Wohlbefinden des Herzens und des Kreislaufs. Weiterführend hat der Herzmeridian ebenfalls Einfluß auf die Augen, den Kehlkopf und den Dünndarm. Hier wohnen das Herzklopfen, Bluthochdruck, Nervosität und Angst. Der Herzmeridian steht in Verbindung mit unserem Geschmackssinn und der Sprache.

Der Lungen-Meridian

Die wichtigsten Daten des Lungen-Meridians

Der Lungenmeridian beginnt oberhalb der Achselhöhle zwischen der zweiten und der dritten Rippe. Sein Verlauf führt entlang der Innenarme bis zum Daumen.

Der Lungenmeridian ist eng verbunden mit dem Lebermeridian, von dem er seine Energie bezieht.

Er selbst gibt seine Energie an den Dickdarm-Meridian weiter.

Der Lungen-Meridian spiegelt das Zen des Seins

Der Lungen-Meridian entspricht dem Element Metall, sein Charakter ist *starkes Yin,* seine Energieform ist zentrifugal. Auf jeder Körperseite verbindet er je 11 Punkte = total 22 Körperpunkte.

Der Lungen-Meridian: „Das Tor zur Gegenwart"

Das Tor zur Gegenwart ermöglicht uns, im Hier und Jetzt bewußt zu leben, zu sein und zu fühlen.

Er spiegelt das Zen des Seins

Der Lungen-Meridian ist zuständig für das Wohlbefinden der Lunge und die gesamte Sauerstoffversorgung durch die Atmung. Weiterführend hat der Lungen-Meridian Einfluß auf das Herz und den Nasen-Augen-Ohrenbereich sowie auf die Haut. Hier spiegeln sich Depressionen und Ängste, die mit dem Faktor Zeit verbunden sind (Vergangenheitsbewältigung – Zukunftsängste). Der Lungenmeridian steht in Verbindung mit unserem Geruchssinn und der Nase.

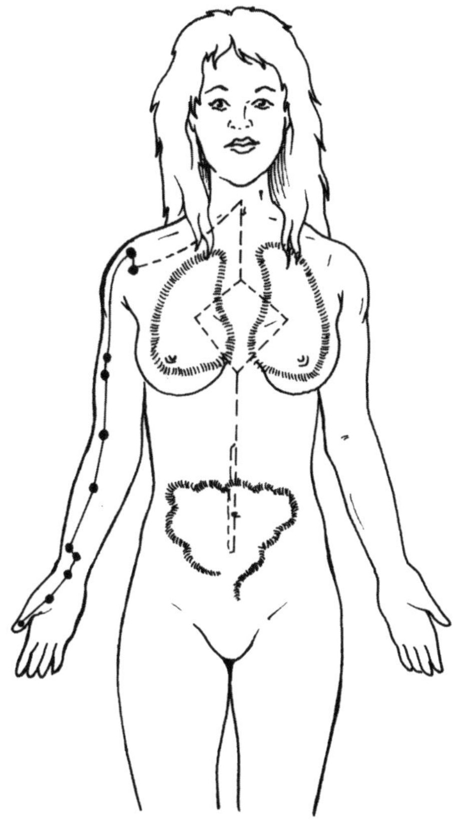

Der Dünndarm-Meridian

Die wichtigsten Daten des Dünndarm-Meridians

Der Dünndarm-Meridian beginnt beim Nagelende vom kleinen Finger, verläuft über die Außenseite des Armes zum Schultergelenk, weiter zum Hals, zum Unterkiefer bis zum Augenwinkel bei der Nase. Da sich dieser Meridian beim Kiefer verzweigt, hat er einen zweiten Endpunkt beim Ohr. (Dieser gilt als der offizielle Endpunkt.)

Der Dünndarm-Meridian steht in enger Beziehung zum Herz-Meridian, aus dem er seine Energie bezieht.

Der Dünndarm-Meridian spiegelt die Fähigkeit, Entscheidungen zu treffen

Er selbst gibt seine Energie an den Blasen-Meridian weiter.

Der Dünndarm-Meridian entspricht dem Element Feuer, sein Charakter ist kräftiges Yang, seine Energieform ist zentripetal. Auf jeder Körperseite verbindet er je 19 Punkte = total 38 Körperpunkte.

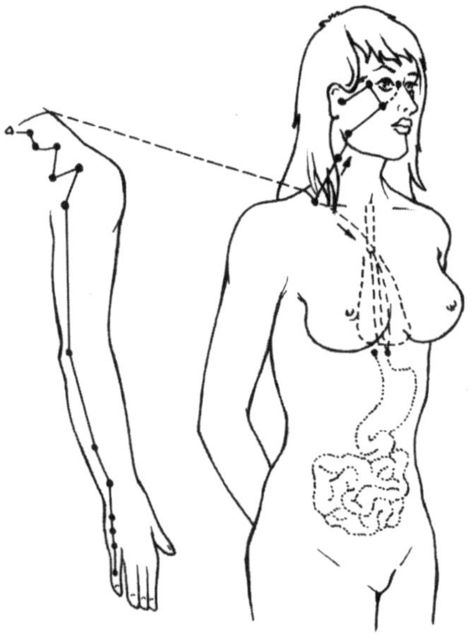

Der Dünndarm-Meridian: „Die Klarheit des Geistes"

Der Dünndarm-Meridian beherbergt die Reinheit und die Klarheit des Geistes, damit wir unser Leben nach unseren Bedürfnissen gestalten können.

Er spiegelt die Fähigkeit, Entscheidungen zu treffen

Der Dünndarm-Meridian ist zuständig für das Wohlbefinden des Dünndarms. Weiterführend hat er Einfluß auf den gesamten nervlichen Bereich, von Streß bis zu Nervenstörungen sowie auf alle Gelenkbeschwerden. Auch zeigt er Schwächen und Probleme des Herzens und des Magens.

Der Dünndarm-Meridian hat die Fähigkeit, krampflösend einzuwirken und zwar auf allen drei Ebenen von Körper, Geist und Seele. Zudem unterstützt er die Schleimhäute.

Der Meister-des-Herzens-Meridian

Die wichtigsten Daten des Meister-des-Herzens-Meridians

Der Meister-des-Herzens-Meridian beginnt zwischen Brustwarze und Achselhöhle und zwar in der Höhe der dritten und vierten Rippe. Sein Verlauf geht entlang der Innenseite der Arme bis zur Innenseite des Endgliedes des Zeigefingers.

Der Meister-des-Herzens-Meridian steht in enger Beziehung zum Nieren-Meridian, aus dem er seine Energie bezieht.

Er selbst gibt seine Energie an den Dreifach-Erwärmer-Meridian weiter.

Der Meister-des-Herzens-Meridian spiegelt die Beziehung vom Ich zum Du

Der Meister-des-Herzens-Meridian entspricht dem Element Feuer, sein Charakter ist Yin, seine Energieform zentrifugal. Auf jeder Körperseite verbindet er je 9 Punkte = total 18 Körperpunkte.

Der Meister-des-Herzens-Meridian: „Schützer des Herzens“

Er schützt und beschützt das Herz und verbindet uns mit unseren Mitmenschen und Freunden.

Er spiegelt die Beziehung vom Ich zum Du

Der Meister-des-Herzens-Meridian ist zuständig für die Versorgung des Blutkreislaufs, das gesamte Blutbild, den Blutstrom und die Aktivität im Stoffwechselbereich. Hier spiegeln sich psychische Probleme, die mit Mitmenschen verbunden sind, sowie Schlaflosigkeit und Nervosität. Die intimste Verbindung vom Ich zum Du, die Sexualität mit all ihren Höhen und Tiefen, ist im Meister-des-Herzens-Meridian zu Hause.

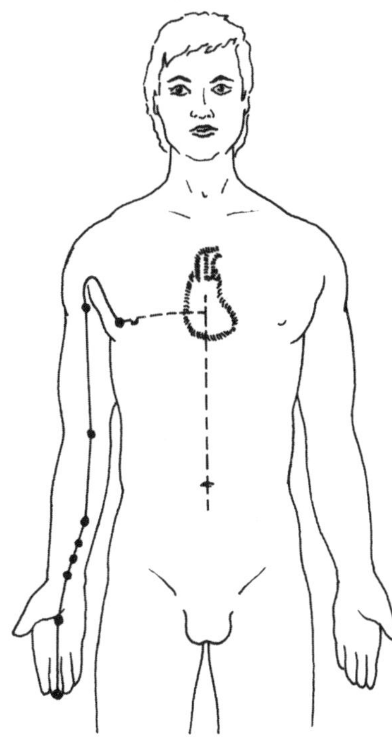

Der Dreifach-Erwärmer-Meridian

Die wichtigsten Daten des Dreifach-Erwärmer-Meridians

Der Dreifach-Erwärmer-Meridian beginnt beim Nagel des Ringfingers. Sein Verlauf ist entlang der Außenseite des Armes zum Schlüsselbein, führt hinter dem Ohr zum Kiefer und endet auf der äußeren Seite des Auges.

Der Dreifach-Erwärmer-Meridian steht in enger Beziehung zum Meister-des- Herzens-Meridian, aus dem er seine Energie bezieht.

Der Dreifach-Erwärmer-Meridian ist ein hilfreicher Freund, der hilft, sich selbst zu helfen

Er selbst gibt seine Energie an den Gallenblasen-Meridian weiter.

Der Dreifach-Erwärmer-Meridian entspricht dem Element Feuer, sein Charakter ist kleines Yang, seine Energieform ist zentripetal. Auf jeder Körperseite verbindet er je 23 Punkte = total 46 Körperpunkte.

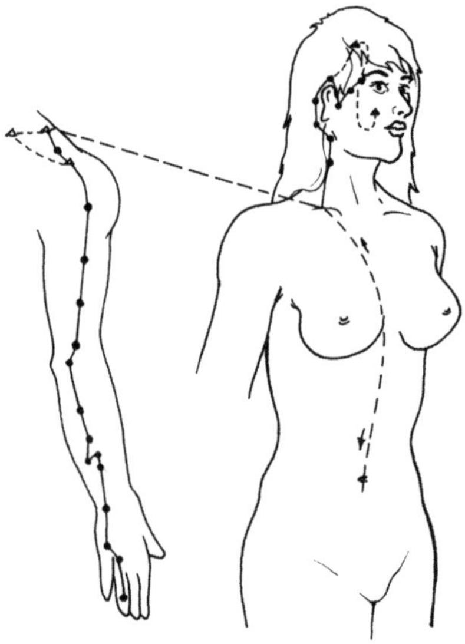

Der Dreifach-Erwärmer-Meridian: „Unser hilfreicher Freund"

Der Dreifach-Erwärmer erwärmt uns auf drei Ebenen im Körper, vom Unterbauch zum Magen-Darm-Trakt zur Brust und Lunge.

Er ist ein hilfreicher Freund, der hilft, sich selbst zu helfen

Der Dreifach-Erwärmer-Meridian hilft den Funktionskreisen, reguliert den Wasserhaushalt und harmonisiert folgende drei Kreisläufe:

Unterster Erwärmer	=	Urologischer und sexueller Kreis
Mittlerer Erwärmer	=	Nahrungsaufnahme und Verdauung
Oberster Erwärmer	=	Atmungskreis

Der Dickdarm-Meridian

Die wichtigsten Daten des Dickdarm-Meridians

Der Dickdarm-Meridian beginnt nahe der Nagelwurzel des Zeigefingers und verläuft an der Außenseite des Armes bis zum Schlüsselbein. Von dort führt er nach hinten zu den oberen Halswirbeln, kehrt wieder zum Schlüsselbein (diesmal innen) zurück und führt zum Unterkiefer, zum Mundwinkel bis unter die Nase.

Der Dickdarm-Meridian steht in enger Beziehung zum Lungen-Meridian, aus dem er seine Energie bezieht.

Der Dickdarm-Meridian hilft, uns selber schützen zu können

Er selbst gibt seine Energie an den Magen-Meridian weiter.

Der Dickdarm-Meridian entspricht dem Element Metall, sein Charakter ist Yang, seine Energieform ist zentripetal. Auf jeder Körperseite verbindet er je 20 Punkte = total 40 Körperpunkte.

Der Dickdarm-Meridian: „Der Beschützer"

Der Dickdarm-Meridian steigert unsere Abwehrkräfte und auch unsere eigenen, in uns wohnenden Kräfte.

Er hilft, uns selber schützen zu können

Der Dickdarm-Meridian ist zuständig für das Wohlbefinden des Darms aber auch für das Erscheinungsbild der Haut. Er hilft uns, Überflüssiges auszuscheiden, uns zu lösen, loszulassen. Er hilft bei allen Depressionen, bei denen an Altem festgehalten und geklammert wird. Weiter beeinflußt der Dickdarm-Meridian die Zähne, das Zahnfleisch und die Atmung.

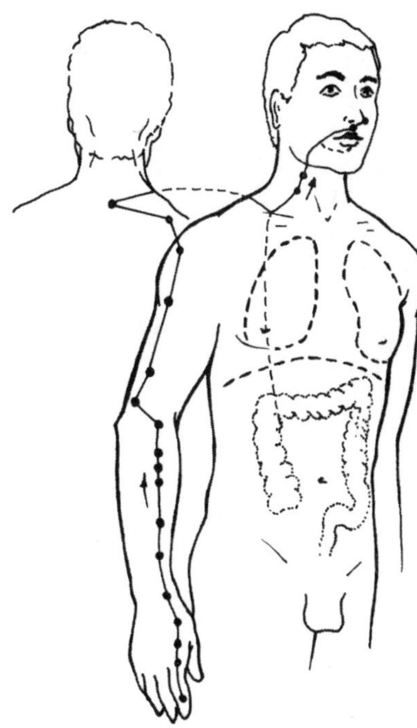

Der Milz-Meridian

Die wichtigsten Daten des Milz-Meridians

Der Milz-Meridian beginnt auf der Außenseite des großen Zehs, am vordersten Zehenglied. Sein Verlauf geht entlang der Innenseite des Beines bis zum Nabel. Von dort verläuft er seitlich zu den Brustwarzen und endet bei der zweiten Rippe.

Der Milz-Meridian steht in enger Beziehung zum Magen-Meridian, aus dem er seine Energie bezieht.

Der Milz-Meridian spiegelt unsere denkerisch-konzentrierte Kraft

Er selbst gibt seine Energie an den Herz-Meridian weiter.

Der Milz-Meridian entspricht dem Element Erde, sein Charakter ist Yin, seine Energieform ist zentripetal. Auf jeder Körperseite verbindet er je 21 Punkte = total 42 Körperpunkte.

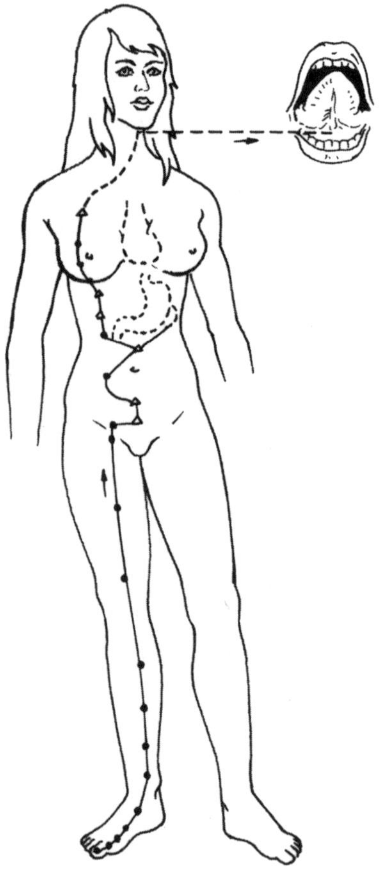

Der Milz-Meridian: „Hüter des Denkens"

Der Milz-Meridian beherbergt das Denken, die Konzentration, die Logik, das Lernen und die Lernfähigkeit.

Er spiegelt unsere denkerisch-konzentrierte Kraft

Der Milzmeridian ist zuständig für das Gleichgewicht des Zuckerhaushaltes, stärkt die Abwehrkräfte, die Muskulatur und das Bindegewebe. Weiterführend hat der Milzmeridian Einfluß auf die Gemütszustände und unsere Stimmung, wenn sie mit Nachdenken oder Grübeln verbunden sind. Ferner beeinflußt er Allergien und Krämpfe sowie Menstruationsbeschwerden. Der Milzmeridian ist mit dem Geschmackssinn und dem Appetit verbunden.

Der Nieren-Meridian

Der Nieren-Meridian beginnt an der Fußsohle im vorderen Fußteil, verläuft an der Innenseite des Beines bis in den Blasenbereich. Weiter verläuft er über den Nabel und das Brustbein und endet beim Schlüsselbein (Innenseite).

Die wichtigsten Daten des Nieren-Meridians

Der Nieren-Meridian steht in enger Beziehung zum Blasen-Meridian, aus dem er seine Energie bezieht.

Er selbst gibt seine Energie an den Meister-des-Herzens-Meridian weiter.

Der Nieren-Meridian entspricht dem Element Wasser, sein Charakter ist wenig Yin, seine Energieform ist zentripetal. Auf jeder Körperseite verbindet er je 27 Punkte = total 54 Körperpunkte.

Der Nieren-Meridian spiegelt unseren Willen, zu sein, zu wachsen und uns zu entfalten

Der Nieren-Meridian: „Sitz der Willenskraft"

Der Nieren-Meridian beherbergt den Willen zu wachsen, ob im körperlichen, geistigen oder seelischen Bereich.

Er spiegelt unseren Willen zu sein, zu wachsen und uns zu entfalten

Der Nierenmeridian ist zuständig für das Wohlbefinden der Nieren und das Ausscheiden von Giftstoffen im Körper. Weiterführend hat der Nierenmeridian Einfluß auf unsere Entschlußkraft, den Fortpflanzungswillen, das Rückenmark, die Knochen, Gelenke, Zähne und das Gehirn. Er ist es, der unsere Nerven stärkt. Der Nieren-Meridian steht in Verbindung zum Hörsinn und den Ohren.

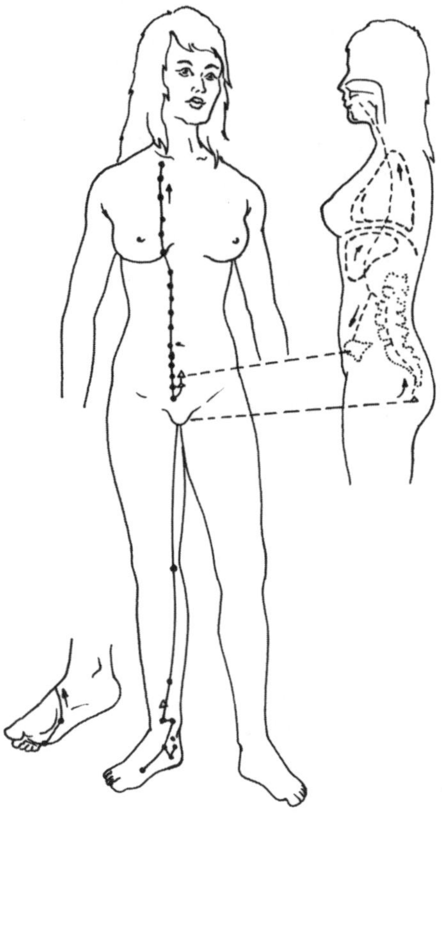

Der Blasen-Meridian

Die wichtigsten Daten des Blasen-Meridians

Der Blasen-Meridian beginnt im Augenwinkel bei der Nase, verläuft über den Kopf nach hinten und teilt sich im Nacken in zwei parallele Bahnen, die beide über den gesamten Rücken führen. Die eine Bahn endet in der Kniekehle, die andere Bahn verläuft weiter über die Ferse, der Fußsohle entlang zum kleinen Zehen.

Der Blasen-Meridian steht in enger Beziehung zum Dünndarm-Meridian, aus dem er seine Energie bezieht.

Der Blasen-Meridian spiegelt unsere innere Stabilität und Selbstsicherheit

Er selbst gibt seine Energie an den Nieren-Meridian weiter.

Der Blasen-Meridian entspricht dem Element Wasser, sein Charakter ist kräftiges Yang, seine Energieform ist zentrifugal. Auf jeder Körperseite verbindet er je 67 Punkte = total 134 Körperpunkte.

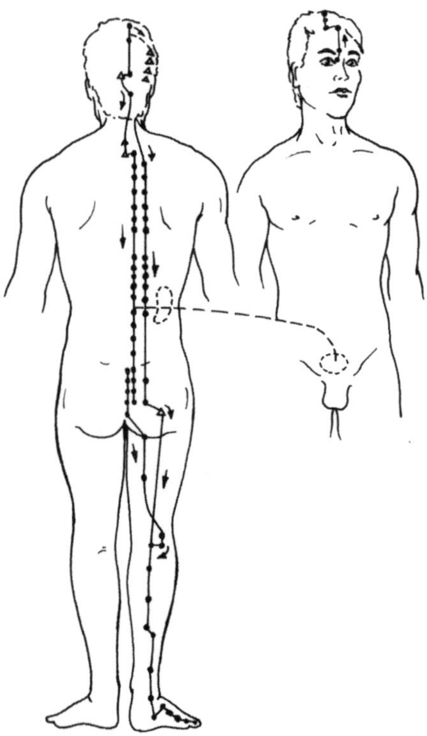

Der Blasen-Meridian:
„Der Sitz der Stabilität"

Der Blasen-Meridian ist zuständig für unsere Nerven und das vegetative Nervensystem.

Er spiegelt unsere innere Stabilität und Selbstsicherheit

Der Blasen-Meridian beeinflußt die Harmonie des Wasserkreislaufes und der Hormone. Weiterführend hat der Blasen-Meridian Einfluß auf Rheuma, Ischias und Gelenkserkrankungen. Nervlich bedingte Kopfschmerzen sowie Hautverunreinigungen und Ekzeme, die mit dem vegetativen Nervensystem in Verbindung stehen, spiegeln sich im Blasen-Meridian wider.

Der Gallenblasen-Meridian

Die wichtigsten Daten des Gallenblasen-Meridians

Der Gallenblasen-Meridian beginnt am äußeren Augenwinkel, führt seitlich am Schädel zu den Schläfen und den Wangen, den Außenseiten des Schultergelenks, weiter zum Becken, der Außenseite der Beine entlang über die Füße bis zum vierten Zeh.

Der Gallenblasen-Meridian steht in enger Beziehung zum Dreifach-Erwärmer-Meridian, aus dem er seine Energie bezieht.

Er selbst gibt seine Energie an den Leber-Meridian weiter.

Der Gallenblasen-Meridian spiegelt unsere psychische Stärke

Der Gallenblasen-Meridian entspricht dem Element Holz, sein Charakter ist wenig Yang, seine Energieform ist zentrifugal. Auf jeder Körperseite verbindet er je 44 Punkte = total 88 Körperpunkte.

Der Gallenblasen-Meridian: „Das Tor zum Mut"

Der Gallenblasen-Meridian beherbergt den Mut, die Initiative und die Entscheidungsfähigkeit.

Hier spiegelt sich unsere psychische Stärke

Der Gallenblasen-Meridian ist zuständig für ein „schmerzfreies Leben". Sein Einfluß ist stark auf Schmerzen konzentriert, vor allem in den Beinen, aber weiterführend gehören auch Migräne, Krämpfe und Beeinträchtigung der Sinnesorgane dazu. Er hat krampflösende Eigenschaften und hilft uns, unsere Psyche zu stärken.

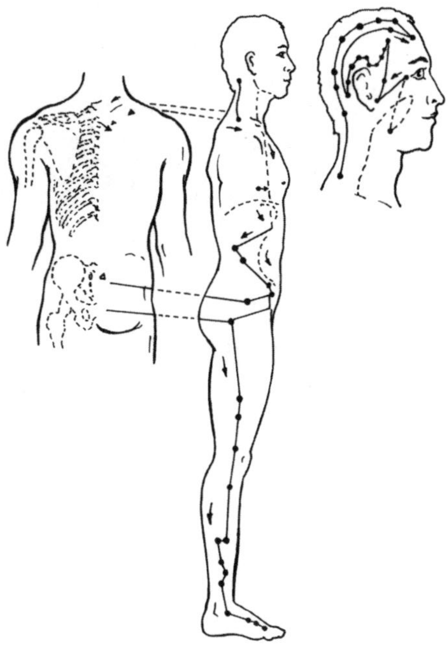

Der Magen-Meridian

Die wichtigsten Daten des Magen-Meridians

Der Magen-Meridian beginnt beim Nasenflügel und führt über den Unterkiefer zu den Schläfen, von wo er zum Unterkiefer zurückkehrt. Sein weiterer Verlauf führt über das Schlüsselbein, die Brustwarze, den Nabel zu den Hüften über die Vorderseite der Beine entlang zum letzten Glied am zweiten Zehen.

Der Magen-Meridian steht in enger Beziehung zum Dickdarm-Meridian, aus dem er seine Energie bezieht.

Der Magen-Meridian spiegelt die Gabe, Gut und Schlecht zu trennen

Er selbst gibt seine Energie an den Milz-Meridian weiter.

Der Magen-Meridian entspricht dem Element Erde, sein Charakter ist Yang, seine Energieform ist zentrifugal. Auf jeder Körperhälfte verbindet er je 45 Punkte = total 90 Körperpunkte.

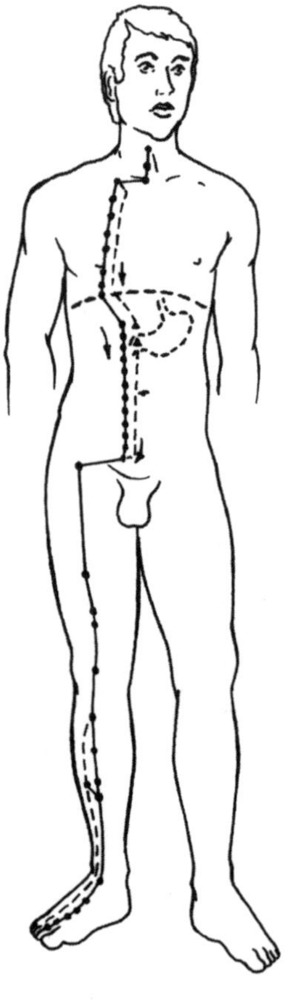

Der Magen-Meridian:
„Das Tor der Selektion und Priorität"

Der Magen-Meridian beherbergt die Fähigkeit, nach verwertbar und unbrauchbar zu trennen und somit Prioritäten zu setzen.

Er spiegelt die Gabe, Gut und Schlecht zu trennen

Der Magen-Meridian ist zuständig für das Wohlbefinden des Magens und der Verdauung. Weiterführend hat der Magen-Meridian Einfluß auf die Muskulatur im Nacken-, Hals- und Gesichtsbereich, auf den Kreislauf und wirkt beruhigend auf das Nervensystem.

Der Leber-Meridian

Die wichtigsten Daten des Leber-Meridians

Der Leber-Meridian beginnt zwischen der großen und der zweiten Zehe und verläuft an der Innenseite des Beines durch die Leiste über die Blase. Weiter führt der Meridian seitlich zu den Rippen und endet unterhalb der Brustwarze.

Der Leber-Meridian steht in enger Verbindung zum Gallenblasen-Meridian, aus dem er seine Energie bezieht.

Er selbst gibt seine Energie an den Lungen-Meridian weiter.

Der Leber-Meridian entspricht dem Element Holz, sein Charakter ist Yin, seine Energieform ist zentripetal. Auf jeder Körperseite verbindet er 14 Punkte = total 28 Körperpunkte.

Der Leber-Meridian ist das Tor der Visionen und der Planung in die Zukunft

Der Leber-Meridian: „Unser Tor in die Zukunft"

Der Leber-Meridian ist eine Art „Reservesparbuch an Energie", um unbeschwert in die Zukunft blicken zu können.

Er ist das Tor der Visionen und der Planung in die Zukunft

Der Lebermeridian ist zuständig für das Wohlbefinden der Leber und des Darmes. Weiterführend hat der Leber-Meridian Einfluß auf unsere Leistungsfähigkeit und hilft bei Erschöpfung, Angst und Depression. Er ist mit dem Sinn des Sehens und den Augen verbunden.

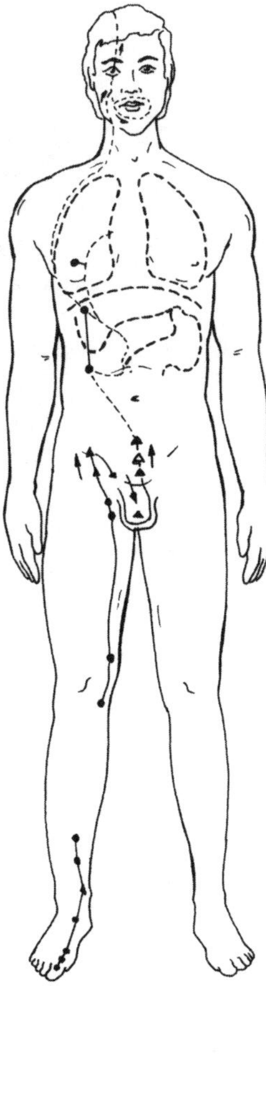

Liste der Meridiane und ihre gebräuchlichen Abkürzungen

Falls Sie mit Akupressur-Tafeln und -Puppen arbeiten, werden Sie feststellen, daß fast alle Punkte und Meridiane entweder in Chinesisch oder in Englisch bezeichnet sind. Damit Sie sich hier im Buch und auch später ganz einfach zurecht finden, sind nachfolgend alle Meridiane mit ihren Abkürzungen aufgelistet.

Auflistung aller Meridiane

in Deutsch	in Englisch
Ren Mai / Ren Mai	
(Ren)+(Yen)	Ren Mai / Ren Mai (RN)
Konzeptions-Gefäß	Conception vessel (CV)
Du Mai (Du)	Du Mai (Du)
Gouverneurs-Gefäß	Governor vessel (GV)
Herz-Meridian (He)	Heart meridian (H)
Lungen-Meridian (Lu)	Lung meridian (L)
Dünndarm-Meridian (Dü)	Small intestine meridian (SI)
Meister-des-Herzens-	
Meridian(Pc)	Pericardium meridian (P)
(Perikard) (Kreislauf-Sexus)	ferner auch (PC)
Dreifach-Erwärmer-Meridian	Tripple wormer
(Sanjiao-Meridian) (Sj)	Tripple energiser (TE)
Dickdarm-Meridian (Di)	Large intestine meridian (LI)
Milz-Meridian (Mi)	
(Milz-Pankreas) (MP)	Spleen meridian (Sp)
Leber-Meridian (Le)	Liver meridian (Liv)
Blasen-Meridian (Bl)	Bladder meridian (B)
Gallenblasen-Meridian (Gb)	Gall bladder meridian (G)
Magen-Meridian (Ma)	Stomach meridian (S)
Nieren-Meridian (Ni)+ (N)	Kidney meridian (K)

Teil 3

Die Magnet-Therapie

Magnete – die „Heinzelmännchen der Meridian-Blockaden"

Stellen Sie sich vor, unsere Meridiane wären ein riesiges unterirdisches Kanalsystem, das sich durch unseren ganzen Körper zieht. Alle Meridian-Punkte würden somit den Kanaldeckeln entsprechen, durch die man direkt in die einzelnen Schächte und Kanäle gelangt. Ist nun ein Kanal verstopft oder blockiert, kann man ihn leicht wieder zum Fließen bringen, indem man am richtigen Ort ansetzt und den Stau mit genügend Druck entfernt.

Magnete als „Rohrreinigungs-Service"

Die Meridiane sind allerdings ein Energienetz, das nicht in Form von Leitungen, Adern, Sehnen oder sonst etwas besteht. Daher können die Meridiane auch nicht „mit Druck und Spülen" gereinigt oder reaktiviert werden. Energie reagiert auf Impulse. Und genau diese Impulse werden von Magneten ausgesendet. Ein Magnet übernimmt also die Funktion des „Rohrreinigungs-Service".

Obwohl unsere Meridiane unsere Lebensenergie und nicht „den letzten Dreck" wie das Kanalsystem befördern, habe ich den Vergleich gewählt, weil doch einige Parallelen das Verstehen um vieles vereinfachen.

1. Unsere Meridiane sind für uns genauso wenig sichtbar wie die Kanalisation.
   Sie sind „unter der Haut", aber auch dort sind sie nicht sichtbar.
2. Die Akupressurpunkte habe ich – *Entschuldigung* – mit Gullydeckeln verglichen. Wenn wir über eine Straße gehen, sehen wir normalerweise die Gullydeckel überhaupt nicht, denn wir nehmen sie nicht zur Kenntnis. Das gleiche gilt für die Akupressurpunkte. Im Spiegel betrachten wir uns als Einheit, nicht als Person mit 1000 Punkten. Fehlt allerdings ein Gulliydeckel auf der Straße, so reagieren wir genau so intensiv, als ob ein Therapeut oder Arzt auf einen neuralgischen Akupressurpunkt drükken würde.
3. Je größer ein Rohr ist, desto mehr Wasser kann hindurchfließen. Sind die Wände von Kalk und Schlamm überdeckt, so kann das Wasser nicht mehr so stark, so schnell und vor allem nicht mehr in der gleichen Menge durchfließen. Wir können unsere Meridiane mit einem unterirdischen Rohrsystem vergleichen. Wenn ein

Meridian also geschwächt ist, transportiert er weniger Energie und zu allem Übel wird der Transport auch noch verlangsamt.

4. Wenn irgendwo ein Rohr so stark verstopft ist, daß das herannahende Wasser nicht mehr abfließen kann, so bildet sich ein Stau. Bei der Kanalisation macht sich das normalerweise so bemerkbar, daß das Wasser über den Deckel, der vor dem Stau liegt, nach oben mit Gewalt austritt. Das Wasser sucht sich einen neuen Weg, um seinen Lauf fortsetzen zu können. Energien, die nicht weiter können, suchen sich ebenfalls einen neuen Weg.

Energien, die nicht weiter können, suchen sich ebenfalls einen neuen Weg

Sehr oft kommt es dabei zu „lokalen Entzündungen", kleinen Schmerzen oderähnlichen Symptomen, die sich bei Nichtbeachten im Laufe der Zeit erheblich verschlimmern können.

Die gezielte Magnet-Therapie

In der gezielten Magnet-Therapie werden Pflaster, in denen sich kleine Magnetchen befinden, bis hin zu großen Magnetblöcken auf die schmerzenden Stellen (nicht auf offene Wunden) und die umliegenden Meridianpunkte geklebt oder aufgelegt. Auch werden extrastarke Magnete eingesetzt, um ganz bewußt bestimmte Prozesse auszulösen.

Wenn möglich, mit einem kompetenten Arzt zusammenarbeiten

Ich halte es für empfehlenswert, bei intensiver Magnet-Therapie die Zusammenarbeit mit einem Arzt, Heilpraktiker oder Therapeuten zu suchen, der sich in der chinesischen Medizin auskennt.

In der gezielten Magnettherapie wird bei den Magneten nach diversen Kriterien unterschieden:

1. Nord-Süd Ausrichtung
2. Stärke der Magnete (Meßeinheit = Gauß)
3. Nach der Dauer, wie lange die Magnete auf den einzelnen Punkten verbleiben

Plus und Minus – Yin und Yang

Wo östliches und westliches Wissen miteinander verschmelzen, ergeben sich für den Lernenden, für den Leser, ganz verwirrende Momente. Da werden in einem Buch alle Therapieangaben nach Nord- und Südpolmagneten unterteilt und in einem anderen Buch steht überhaupt kein Wort davon. Eigentlich sollte man meinen, daß bei der Magnettherapie doch immer Nord- und Südpol angegeben sein sollten, denn gerade dieses Strukturieren ist das A und O, welches die Magnete bezeichnet.

Diese Überlegung ist absolut richtig, doch die Erklärung, wieso dem nicht so ist, ist einfach und logisch: Alle Informationen, denen westliche Forschungen zu Grunde liegen, unterteilen die Magnete in Nord- und Südpol, bzw. Bipolar. Alle Unterlagen, in denen kein einziges Wort von den Polen steht, arbeiten auf der Basis der alten chinesischen Medizin und unterteilen nach Yin und Yang. So bedeutet: „einen Nordmagnet auflegen" oder „Yin-Energie zuführen" genau das gleiche.

Sich nicht durch die Wortwahl verwirren lassen

Im vierten Teil des Buches finden Sie zahlreiche Abbildungen der jeweils meist empfohlenen Akupressur- bzw. Behandlungspunkte. Damit Sie von diesem Buch maximal profitieren können, ist zuerst der Meridian angegeben. Sehr oft ist die Erklärung, wieso der Körper mit Bauchweh und nicht mit einer Erkältung reagiert hat, bereits schon im Charakter des betroffenen Meridians zu finden. Es ist auf jeden Fall sehr aufschlußreich, bei einer Krankheit das Wesens des beeinflußten Meridians nachzulesen (Seite 26 bis Seite 39). Anschließend finden Sie die Nummer des Punktes (jeder Akupressurpunkt ist numeriert – es gibt heute mehr als 1000 Punkte). Die Zeichnung erübrigt es allerdings, daß Sie die Punkte auswendig lernen müssen und zudem sind es nur rund 50 Punkte, denen man im Alltag immer wieder begegnet. Außerdem finden Sie einen kleinen Kreis, in dem ein „+" oder ein „–" steht. Wenn Sie Magnetscheiben, Magnetblöcke oder Magnetpflaster einsetzen möchten, haben Sie hier die Information, welche Magnetseite auf den Körper aufgelegt wird.

Beispiel: Lu 7 ⊖ Lungenmeridian, Punkt Nr. 7, Minusseite auflegen

Eine der folgenden Informationen sollte immer angegeben sein, damit Sie mit Magneten gezielt arbeiten können:

Nordpol	Minus	Yin	–	Südpol	Plus	Yang	+

Es gibt allerdings noch eine weitere Möglichkeit, die bipolare Magnetvariante. Dabei handelt es sich nicht um Spezialmagnete, sondern um ein „Magnetpaar". Es werden gleichzeitig ein Nordpol-Magnet und ein Südpol-Magnet eingesetzt. Wie das funktioniert, erfahren Sie auf der übernächsten Seite beim Kapitel: *Auf Energie geschaltet.* Doch zuerst noch etwas Grundinformation zum Wesen der beiden Pole.

Nord-Magnete – Yin-Energie

Yin-Energie wird dem Nordpol gleichgesetzt ...

Yin-Energie ist in der chinesischen Medizin immer weibliche Energie mit kühlendem und beruhigendem Charakter. Da die Nord-Magnete die gleiche Eigenschaft besitzen, wird die Yin-Energie dem Norden, dem Nordpol gleichgesetzt.

Nord-Magnete und Yin-Energie haben folgende Eigenschaften:

- kühlend
- beruhigend
- harmonisierend
- klärend
- entgiftend
- zerstreuend
- ausscheidend

Anbei ein paar Beispiele, bei denen wir Yin-Energie, bzw. Nord-Magnete einsetzen:

Entzündungen, Schwellungen, Übersättigung aber auch bei Ärger, Wut, Streß und vieles mehr, das im Teil 4 genau angegeben ist.

Süd-Magnete – Yang-Energie

... Yang-Energie dem Südpol

Yang-Energie ist in der chinesischen Medizin immer männliche Energie mit aktivem und wärmendem Charakter. Da die Süd-Magnete die gleiche Eigenschaft besitzen, wird die Yang-Energie dem Süden, dem Südpol gleichgesetzt.

Süd-Magnete und Yang-Energie haben folgende Eigenschaften:

- wärmend
- aktivierend
- aufbauend
- anregend
- bündelnd
- stärkend

Anbei ein paar Beispiele, bei denen wir Yang-Energie, bzw. Süd-Magnete einsetzen: Frieren, schlechte Verdauung, Muskelschwäche aber auch bei Müdigkeit, Erschöpfung und Energiemangel und vieles mehr, das im Teil 4 genau angegeben ist.

Auf Energie geschaltet

Nord- und Süd-Magnete funktionieren wie Straßenampeln, bei denen für die benötigte Energie auf Grün umgeschaltet wird. Die Energie, die ausgewählt wurde, hat freie Zufahrt in die Meridiane, während die bereits übermäßig vorhandene Energie „an der Ampel warten muß".

Wenn wir uns aufregen, uns „erhitzen", steigt unser Yang-Spiegel ganz gewaltig an. Das Ziel jeglicher chinesischer Therapieform ist es, das Gleichgewicht von Yin- und Yang-Energie herzustellen. Somit würde bei diesem Beispiel die Ampel für die Yang-Energie auf Rot gestellt, damit die (durch Hilfe und Einsatz von Magneten) Yin-Energie freie Fahrt auf unsere Meridiane erhält, um das Gleichgewicht wieder herstellen zu können.

Die gezielte Magnettherapie ist ein ganz klarer Eingriff in das Yin-Yang-Gleichgewicht, bei dem aktiv bestimmt wird, welche Energie zurückstehen muß und welche Energie gefördert und unterstützt wird. Genau wie Straßenampeln den Verkehr auf sehr dominante Weise regeln, wird hier der Energiefluß ultimativ unter Kontrolle gebracht.

Die gezielte Magnettherapie ist ein ganz klarer Eingriff in das Yin-Yang-Verhältnis

Aber genau wie im Straßenverkehr gibt es auch in der Magnettherapie noch eine ganz andere Lösung: Den Kreisel. Die Ampeln würden (falls welche vorhanden wären) auf das Mittelding von Grün und Rot geschaltet sein und orange blinken. Die „rote" und die „grüne" Energie dürfen frei zirkulieren, wenn der Weg frei ist. Bei den Magnetarmreifen werden beispielsweise an einem Ende ein Nord-Magnet und am anderen Ende ein Südmagnet integriert. Somit sucht sich der Körper sein Gleichgewicht selbst, da beide Quellen (Yin- und Yang-Energie) abrufbereit am Kreisel stehen und fast ungehindert ihren Weg in die Meridiane antreten können.

Der „Kreiselverkehr" der Magnetenergie ist die Basis der unterstützenden Magnettherapie, doch auch in der gezielten Therapie kommt diese Mischung zu sehr häufigem Einsatz, da sich viele Krankheiten gleichzeitig aus einem Überschuß wie auch einem Manko zusammensetzen.

(Grippe: Frieren + Kälte = Manko • Schnupfen + Schleimproduktion = Überschuß)

Fast überall, wo gleichzeitig zwei und mehr Magnete verarbeitet wurden, finden Sie keine Hinweise mehr, welcher Pol nun minus oder plus ist, das gilt sowohl für den Schmuck wie für Einlegesohlen. So blumig die asiatische Sprache auch sein kann, so sehr können uns auch (für uns) minimalistische Formen erstaunen. Die Pole bei Magnetsohlen anzugeben macht für Asiaten in etwa den gleichen Sinn, als wenn wir versuchen würden, orange-blinkende Ampeln als mehr oder weniger orange zu klassifizieren.

Die unterstützende Magnet-Therapie

Der Schmuck ist nicht fixiert und kann verschiedene Meridiane stimulieren

Die unterstützende Magnet-Therapie funktioniert immer nach dem „Kreiselprinzip" und beide Energien, Yin und Yang, stehen abrufbereit zur Verfügung. Doch noch ein weiteres Attribut kann für die tägliche Unterstützung hier einwirken: Die Beweglichkeit der Magnete. Im Gegensatz zu Magnetpflastern, die bei Krankheiten „auf den Punkt gebracht werden", oder dem Auflegen von Magnetscheiben, findet beim Tragen von Schmuck eine ständige Verschiebung der Auflagepunkte statt. So wird abwechselnd mal der eine, dann der andere Meridian stimuliert, je nachdem, wie wir uns bewegen.

Damit steigern Magnetarmbänder, -ketten und -ringe auf ganz sanfte Art und Weise unser gesamtes Wohlbefinden. Glücklicherweise ist die Zeit vorbei, wo „gesunder Schmuck" durch das langweilige Design und das biedere Dekor eher negativ das Auge berührt hat.

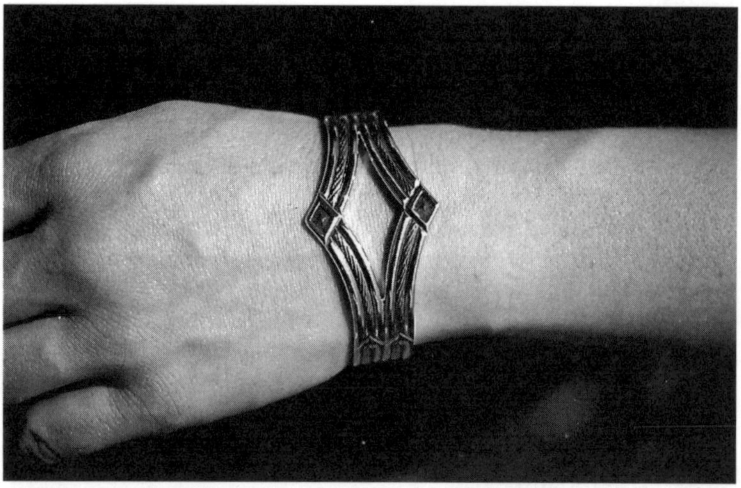

Doppelarmbänder mit vier Magneten wirken noch etwas stärker als die klassischen mit zwei Magneten

Magnetarmbänder unterstützen unter anderem folgende Bereiche: Sie fördern die Gewebeaktivität und die Durchblutung. Schadstoffe werden schneller abgebaut und Schlackstoffe besser ausgeschieden.

Auch wenn wir zwei Arme haben, tragen wir normalerweise nur ein Armband. Ob der Magnetschmuck rechts oder links getragen wird, hat je nachdem einen direkten Einfluß auf folgende Meridiane:

Linkes Handgelenk:	***Aus sich selber schöpfen und wirken***
Dünndarm-Meridian	Unterstützt die Fähigkeit, Entscheidungen zu treffen
Herz-Meridian	Stärkt die Beziehung zu sich selbst
Gallenblasen-Meridian	Verleiht uns Mut und psychische Stärke
Leber-Meridian	Gibt uns Visionen für die Zukunft
Blasen-Meridian	Gibt Stabilität und Selbstsicherheit
Nieren-Meridian	Spiegelt den Willen, sich zu entfalten

Rechtes Handgelenk:	***Aus der Gemeinsamkeit schöpfen und wirken***
Dickdarm-Meridian	Hilft, uns selber schützen zu können
Lungen-Meridian	Verhilft uns, im Hier und Jetzt zu sein
Magen-Meridian	Er spiegelt die Gabe, Gut und Schlecht zu trennen
Milz-Meridian	Unterstützt die denkerisch-konzentrierte Kraft
Dreifach-Erwärmer-Meridian	Er hilft, sich selbst zu helfen
Meister-des-Herzens-Meridian	Er spiegelt die Beziehung vom Ich zum Du

Magnetarmreifen bei Krankheiten

Über der gesamten chinesischen Medizin steht der Leitgedanke von Yin-Yang. So werden die Krankheiten nach Fülle und Leere (zuviel und zuwenig) unterteilt.

Mit dem Tragen eines Armbandes, entweder rechts oder links, kann gezielt die Leere wieder aufgefüllt und die übermäßige Fülle wieder abgeleitet und ins natürliche Gleichgewicht gebracht werden. Somit können alle Formen von Beschwerden und Problemen über die Handgelenke aufgelöst werden. Mehr dazu ab Seite 60.

Magnet-Armreifen können auffüllen oder ableiten helfen

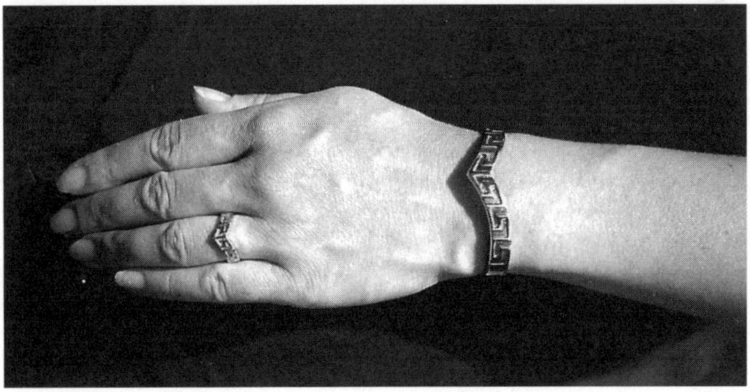

Die klassischen Armbänder haben zwei Magnete

Magnetschuhe werden „logischerweise" paarweise eingesetzt. Hier ist nicht mehr die Frage nach dem Loslassen oder Annehmen wichtig, hier geht es um die allgemeine, grundlegende und konstante Stimulation. Aus der Fußreflexzonen-Massage sind diverse Schuhvarianten bekannt (meist Einlegesohlen mit kleinen Noppen). Sie haben einen ganz ähnlichen Effekt wie die Magnetsohlen, wirken jedoch nicht durch Impulse, sondern durch die Massage. Eine weitere Variante sind die „Kaiser-Schuhe", eine ganz interessante chinesische Kreation. Den Kaisern wurde Jade in die Kleidung eingearbeitet, damit für ihr optimales Wohlbefinden gesorgt war. Doch auch in den Schuhen befand sich Jade. Die Jade-Sandalen, die heute erhältlich sind, weisen rund 15 kreisförmige Plättchen pro Schuh auf und beeinflussen vor allem den Yin-Yang-Kreislauf der Temperatur. In diesen Sandalen ist es fast unmöglich, kalte Füße zu kriegen und gleichzeitig schwitzt man im Sommer nicht so sehr wie üblich.

Aus der Fußreflexzonen-Massage sind diverse Schuhvarianten bekannt, die die Meridiane beim Gehen aktivieren

Magnetohrringe wirken auf zwei Hauptbereiche:

1. Die Augen – der Punkt genau in der Mitte des Ohrläppchens – im Ohrläppchen und
2. Das vegetative Nervensystem am Ohrrand

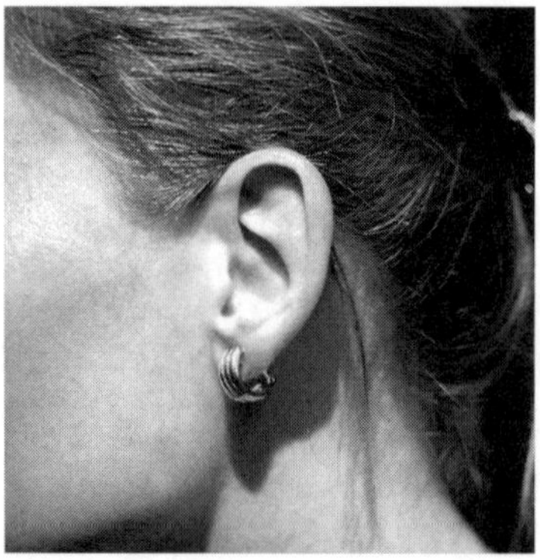

Auch bei uns wird seit langer Zeit das Ohrloch dort gestochen, wo der Augen-Akupressurpunkt ist

- Streß
- Überforderung
- Unterforderung
- Allergien
- Depressionen
- Einschlafstörungen
- Überhöhte Müdigkeit
- Magenüberreizung
- Süchte wie Alkohol
- und Nikotin
- etc.

Das vegetative Nervensystem spielt bei vielen Alltagsbeschwerden und Streßformen eine zentrale Rolle. So kann auch ein unruhiger Magen, Aufstoßen, Völlegefühl, Hautunreinheiten, Haarausfall, Zukkungen, Schweiß, Harndrang, Durchfall und vieles, vieles mehr über die Nerven und das Nervensystem ausgelöst werden.

Das vegetative Nervensystem spielt bei vielen Alltagsbeschwerden und Streßformen eine zentrale Rolle

Wer oft und lange am Computerbildschirm arbeitet oder unter übermüdeten Augen leidet, kann sich mit einer „Magnetkur" am Ohrläppchen viel Gutes tun.

Magnetringe werden im asiatischen Raum ganz stark bei Gewichtsproblemen angeboten. Es handelt sich dabei um mehrfach gedrehte Ringe, eine Art Spiralen, die gleichzeitig am Ringfinger und am Mittelfinger getragen werden. Momentan sind diese Spiral-Magnetringe der absolute Trend, doch deshalb müssen die „ganz normalen" Magnetringe keineswegs zurück stehen. Sie helfen wie folgt:

Magnetringe werden im asiatischen Raum ganz stark bei Gewichtsproblemen angeboten

Am kleinen Finger	werden der Dünndarm- und der Herz-Meridian stimuliert. (Unterstützt die Entscheidungsfähigkeit – stärkt die Beziehung zu sich selbst)
Am Ringfinger	wird der Dreifach-Erwärmer-Meridian stimuliert (Ein guter Freund, der hilft, sich selbst zu helfen)
Am Mittelfinger	wird der Meister-des-Herzens-Meridian stimuliert (Er unterstützt den Weg vom Ich zum Du)
Am Zeigefinger	wird der Dickdarm-Meridian stimuliert (Er hilft, sich selbst schützen zu können)
Am Daumen	wird der Lungen-Meridian stimuliert (Er hilft uns, die Gegenwart und das Jetzt zu leben)

Ein Ring am Ringfinger ist wie ein guter Freund

Halsketten, die ringsum mit Magneten bestückt sind, stimulieren insgesamt acht Meridiane, wobei sich der Vater aller Yang-Meridiane und die Mutter aller Yin-Meridiane darunter befinden.

Die Magnethalskette verbindet nicht nur Yin und Yang, sondern auch Herz und Verstand

Folgende Meridiane werden stimuliert:

Ren Mai	**die Mutter aller Yin-Meridiane**
Dünndarm-Meridian	hilft uns, Entscheidungen zu treffen
Dickdarm-Meridian	hilft uns, uns selbst zu schützen
Gallenblasen-Meridian	verhilft uns zu Mut und psychischer Stärke
Du Mai	**der Vater aller Yang-Meridiane**
Dreifach-Erwärmer-Meridian	hilft uns, daß wir uns selbst helfen können
Blasen-Meridian	gibt uns Stabilität und Selbstsicherheit
Magen-Meridian	hilft uns, Gut und Schlecht zu trennen

Halsketten mit zahlreichen integrierten Magneten sind die stärkste Form von Magnetschmuck, die erhältlich ist

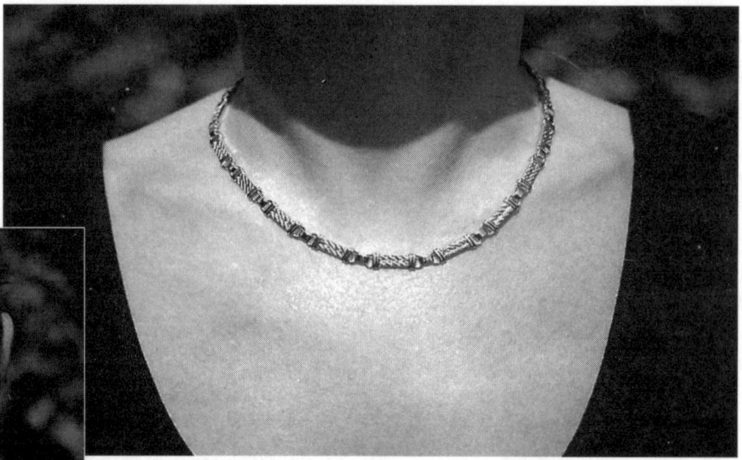

Magnetanhänger wirken auf einen einzigen Meridian, den Ren Mai. Dieser Meridian ist die Mutter aller Yin-Meridiane, wodurch die Kinder-Yin-Meridiane automatisch gestärkt und aktiviert werden.

Magnetanhänger wirken auf den Ren Mai

Yin Meridiane sind:

Herz-Meridian	Er spiegelt die Beziehung zu sich selbst
Lungen-Meridian	Unser Tor zur Gegenwart, zum Hier und Jetzt.
Meister-des-Herzens-Meridian	Er unterstützt die Beziehung vom Ich zum Du
Milz-Meridian	Er verhilft uns zu denkerischer Kraft
Leber-Meridian	Er ist unser Tor der Zukunft, der Planung
Nieren-Meridian	Er stärkt unsere Willenskraft

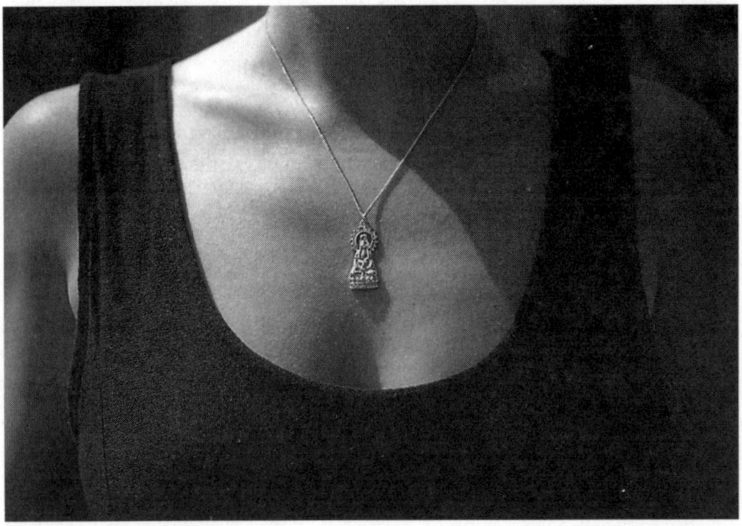

Männer können statt Magnetanhängern auch Magnet-Krawattenhalter tragen

Ein kleines Trösterchen an die Männer:
Auch wenn es in diesem Buch (aus zeitlichen Gründen) nicht gelungen ist, Magnetschmuck für Männer zu präsentieren, es gibt ihn. Wie in der Modewelt vor 20 Jahren ist allerdings auch hier die Auswahl nicht gerade gigantisch, im Gegensatz zu dem Angebot für Frauen. Das ist zwar keine euphorische Nachricht – aber immerhin – die Zeit arbeitet in diesem Bereich ganz sicher für die Männer. Warten wir's ab, was da alles noch kommen wird ...

Nebenwirkungen von Magnetschmuck und Magnet-Therapie

Das Wort Nebenwirkungen gewinnt in der Magnet-Therapie eine völlig neue, positive Bedeutung

Magnete lösen Impulse im Körper aus und diese wiederum wirken auf die verschiedenen Meridiane, Organe, Gemütszustände und Körperbereiche ein. Wie überall, wo ein neuer Prozeß ausgelöst wird, gibt es eine Wirkung, die gewünscht ist und eine Art „Echo", die Nebenwirkung.

Fast übereinstimmend wird berichtet, daß innerhalb kürzester Zeit eine Steigerung der Leistung und des Selbstvertrauens festgestellt werden durfte.

Anbei eine kleine Auflistung der häufigsten Reaktionen, damit Sie sich für sich selbst ein besseres Bild machen können:

Steigerung der Leistung

Einige Personen hatten das Gefühl, unkonzentriert, ja fast „leicht chaotisch" zu wirken. Daß es sich dabei allerdings nur um ein Gefühl und nicht um die Realität handelt, stellten die meisten zu ihrer eigenen Beruhigung gleich selber fest. Sie waren es einfach nicht gewohnt, ein so großes Pensum in so wenig Zeit zu erledigen. Das brachte ihr normales Muster durcheinander und demzufolge fehlte ihnen die Struktur, mit diesen „großen Mengen an Leistung" umzugehen. Teilweise wurden auch parallel mehrere Dinge gleichzeitig angepackt.

Steigerung des Selbstvertrauens

Das Selbstvertrauen und das Selbstwertgefühl steigert sich nicht bei allen Personen in „rasantem Tempo", aber auf jeden Fall spürbar und stetig. Viele haben davon berichtet, daß sie sich plötzlich wieder mehr zutrauen, öfters und mehr lachen und sich einfach ihrer Sache sicherer fühlen. Einige Personen haben das neue Lebensgefühl als eine Art „verbesserte Lebensqualität" beschrieben, ohne daß an der Umgebung etwas geändert worden sei. (Das hat allerdings meistens nicht gestimmt, denn durch die neue Leistungsfähigkeit sind Dinge einfach erledigt worden, ohne sich vorher darüber längere Zeit zu ärgern.)

Stärkere Träume

Alle Personen, die den Magnetschmuck über Nacht getragen haben, berichteten übereinstimmend von stärkeren bis extrem starken Träumen. Dies war allerdings nicht in allen Fällen mit angenehmen Erinnerungen verbunden. Die Träume waren so intensiv und real, daß sie als unangenehm empfunden wurden. Magnetschmuck in der Nacht zu tragen ist nur dann empfehlenswert, wenn Sie eine aktive Traumarbeit leisten möchten.

Stärkere Gefühle

Emotionelle Staus werden mit den Magneten entweder einfach „von Dannen" pulsiert oder brechen bis zur Oberfläche durch. So kann es Ihnen schon mal passieren, daß plötzlich ein Gefühl in Ihnen „aufstößt", das Sie über längere Zeit unterdrückt haben. Da Sie nun wissen, daß es sich um eine Reaktion handelt, die von den Magneten ausgelöst wurde, gehen Sie bitte behutsam mit Ihrem Partner um. Das heißt natürlich nicht, daß Sie die Gefühle gleich wieder begraben sollen, aber sprechen Sie Ihre Wünsche ganz in Ruhe durch. Die Gefühlsreaktion kann sehr schnell eintreten, dauert allerdings normalerweise nur eine ganz kurze Phase. Bewerten Sie das Ganze nicht zu stark, aber nützen Sie die Signale, den „wunden Punkt" gezielt zu verarbeiten.

Der Abschluß der alten Krankheiten

Wie in der Homöopathie kann der Magnetschmuck Krankheiten, die früher zum Alltag gehört hatten und dann unterbunden werden konnten, für „ein letztes Mal" zum Ausbruch bringen. Frühere Asthmatiker können durch den Magnetschmuck wieder Asthmaanfälle kriegen, die nach einer Nacht oder nach einem Tag wieder weg sind. Menschen mit schwachen Bronchien haben die Tendenz für „eine letzte Bronchitis" etc. Dieses letzte Aufflammen entsteht dann, wenn im Körper noch ein Restbestand der Krankheit vorhanden war. Ansonsten entstehen natürlich keine Reaktionen dieser Art.

Tips und Informationen zum Umgang mit Magnetschmuck

Wie in der Bibel oder beim Spitzensport gilt auch beim Magnetschmuck die Faustregel: Am siebten Tage sollst du ruhen. Ein Tag pro Woche ist mindestens „Magnetpause" und ebenso ist es nicht sinnvoll, den Magnetschmuck Tag und Nacht zu tragen. Entscheiden Sie selbst, entweder Tag oder Nacht.

Ein Tag pro Woche ist mindestens „Magnetpause", und ebenso ist es nicht sinnvoll, den Magnetschmuck Tag und Nacht zu tragen

Magnetschmuck für Kinder gibt es nicht. Bei chronischen Leiden kann der Magnetschmuck allerdings enorm hilfreich sein. Hier führt der Weg auf jeden Fall über einen Arzt oder Therapeuten, der in chinesischer Medizin ausgebildet ist. Versuchen Sie es doch selber mit einer sanften Akupressur.

Auch Tiere reagieren selbstverständlich auf Magnete. Allerdings empfiehlt sich auch hier die Akupressur, wobei „das Drücken auf den wunden Punkt" nicht immer sehr freudig aufgenommen wird.

Schwangere und Personen, die einen Herzschrittmacher tragen, dürfen grundsätzlich keine Magnete verwenden. Ich möchte hier keinerlei Ausnahmen einräumen.

Bei Kreditkarten, Computer, und auch manch einer Quarzuhr können Störungen auftreten

Die Fülle und die Leere

Wenn Ihnen ein Backstein auf den großen Zeh fällt, dann schwillt – und schwillt – und schwillt dieser an, verfärbt sich grün-blau-schwarz und Sie haben eine ungewollte, schmerzende Fülle in Ihrem Zeh.

Bei dieser Menge Fülle braucht es Leere, und zwar viel davon, um das Gleichgewicht wieder herstellen zu können.

Die chinesische Medizin bietet zwei Varianten des Ausgleichs:

Variante 1: Fülle und Leere werden zum Fließen gebracht

Wir haben eine linke und eine rechte Körperseite und jeder Körperteil ist auf beiden Seiten vertreten. Ist uns der Backstein auf den linken großen Zeh gefallen, wird augenblicklich der rechte große Zeh massiert und gepreßt. Das gleiche gilt natürlich auch bei der Leere, z. B. Blutverlust, Erkältungen etc.

Schnelle Linderung durch richtiges Reagieren

Fülle, die sich staut, wird im Spiegelbild zum Fließen gebracht.
Leere, die nicht aufgefüllt wird, wird im Spiegelbild zum Fließen gebracht.

Variante 2: Fülle und Leere werden zum Fließen gebracht

Wenn wir nun unseren linken Zeh mit Backstein-Beschwerden nehmen, können wir dem Übermaß an Fülle auch Leere zuführen. Dazu bietet sich das Körperteil an, das sich am weitesten weg befindet: Der Daumen der rechten Hand. Wenn wir augenblicklich den rechten Daumen stimulieren, bringen wir die Leere zum Fließen. Das gleiche gilt natürlich auch bei der Fülle, die nicht fließt, z. B. Blutverlust, Erkältungen etc.

Leere, die sich staut, wird in der Diagonale zum Fließen gebracht.
Fülle, die nicht fließt wird, wird in der Diagonale zum Fließen gebracht.

Zwei große Themen des Lebens: Annehmen können und Loslassen

Es ist eher selten, daß uns ein Backstein auf den Zeh fällt, aber es kann natürlich vorkommen. Bedeutend häufiger treffen wir die Thematik von Fülle und Leere in unserem Alltag. Wir nennen es Loslassen und Annehmen. Je nach der Art, die wir haben und die uns geprägt hat, fällt uns das eine oder das andere leichter. In den Pendelkursen ist es immer wieder schön zu sehen, denn das unterbewußte Ja oder Nein manifestiert sich je nachdem schnell, schneller, ganz schnell oder auch überhaupt nicht.

Das Annehmen: Die Fülle

Es gibt viele Formen von Leere, z. B. niedriger Blutdruck, Blutarmut, eine schwache Atmung. Was fehlt, ist die Fülle.

Wenn uns die Fülle fehlt, so haben wir natürlich zuviel Leere. Das kann sich im Leben wie folgt zeigen: Eine spartanisch eingerichtete Wohnung, ein asketischer Lebensstil, Verzicht auf vieles und wenig Erinnerungen aus der Vergangenheit, die dann sorgfältig und einsam gerahmt auf dem Möbel stehen.

Ein Zuviel an Leere kann im Umfeld oder aber im Herzen vorhanden sein

Was wir brauchen, was uns gut tut ist also in diesem Fall die Fülle. Da viele Menschen, die ein Zuviel an Leere in sich haben, jeden Gegenstand zuviel als völlig überflüssig taxieren, nützt es auch nicht viel, diese Personen zum Einkaufen zu schicken. Sie kommen garantiert mit leeren Händen zurück. Der erste sanfte Schritt sind sehr oft weiche Zierkissen in warmen Farben.

Bedeutend komplizierter wird es allerdings, wenn ein Mensch seine Leere nicht in den eigenen vier Wänden, sondern in seinem Herzen untergebracht hat. Vertrauen und Zuversicht werden zu Fremdwörtern und die Seele wird einsam. Wenn es Ihnen Mühe bereitet, Geschenke und Komplimente anzunehmen, dann kann Ihnen die Magnettherapie zusammen mit Ihrem Körper helfen. Als erstes listen Sie Ihre körperlichen Beschwerden auf, und zwar nach den Körperseiten. Sie werden vermutlich feststellen, daß es beispielsweise immer die linke Schulter und die linke Hand ist, die schneller ermüden.

Leere, die nicht aufgefüllt wird, wird im Spiegelbild zum Fließen gebracht.

Falls Sie jedoch von Herzen gern die Geschenke und Komplimente annehmen möchten, Ihr Verstand sich jedoch dagegen wehrt und Sie an der Ehrbarkeit der Worte und Gesten zweifeln, so kann Ihnen die Magnet-Therapie auch helfen, Herz und Verstand wieder in Harmonie und Einklang zu bringen. Eine Halskette, die rundum mit kleinen Magneten an der Innenseite bestückt ist, stimuliert den Mutter- und den Vatermeridian, damit Sie selber stärker und sicherer werden.

Das Loslassen: Die Leere

Ein Übermaß an Fülle kann sich durch „Hamstern" von Sachen und Erinnerungen zeigen oder auch durch „Klammern"

Wenn uns beispielsweise Entzündungen plagen, haben wir eine übergroße Fülle an einem bestimmten Bereich im Körper.

Eigentlich ist diese Fülle auch fast immer in anderen Bereichen des Lebens zu finden: Es werden alte Utensilien aus der Vergangenheit gestapelt, Erinnerungen aktiv wach gehalten und die eigenen vier Wände gleichen einer riesigen Sammlung von diversesten Gegenständen und Möbeln, so daß die Flut fast erdrückend wirkt.

Auch Personen können an das eigene Leben gebunden werden, und zum Teil wird richtiggehend an anderen Personen geklammert. Jede Form von Abhängigkeit, die wir anderen Menschen gegenüber auslösen, bringt für uns ein Übermaß an Fülle, das nicht mehr immer gut verträglich ist.

Was wir brauchen, was uns gut tut ist also in diesem Fall die Leere. Meistens ist eine ordentliche Entrümpelungs-Aktion der erste und wohl entscheidende Schritt, denn er sagt aus, wieviel Leere wir zulassen. Bedeutend komplizierter ist es allerdings, wenn beispielsweise eine Mutter ihre Kinder übermäßig umsorgt, so daß diese nicht selbständig werden können. Übergroße Fürsorge – Bemuttern – Verantwortung abnehmen, viele dieser erdrückenden Lebensformen sind grundsätzlich gut, nur zu gut gemeint. Aber wie erzählt man einem Menschen, der es von Herzen gut meint, daß es zuviel des Guten ist und daß das keine erfreulichen Taten mehr sind, ohne die Person dabei zu verletzen?

Wenn Sie das Gefühl haben, daß Ihnen das Loslassen schwer fällt, daß Sie eine kleine Unterstützung gut gebrauchen könnten, so kann Ihnen die Magnettherapie zusammen mit Ihrem Körper helfen. Als erstes listen Sie Ihre körperlichen Beschwerden auf, und zwar nach den Körperseiten. Sie werden schnell feststellen, daß es beispielsweise immer die linke Schulter und die linke Hand ist, die schmerzt.

Fülle, die sich staut, wird im Spiegelbild zum Fließen gebracht.

Magnetarmreifen werden also immer am gegenüberliegenden Arm getragen, unabhängig, ob Sie zuviel Leere oder zuviel Fülle besitzen. Es geht in der chinesischen Medizin erst in zweiter Linie darum, was zuviel ist, über allem steht zuerst das Gleichgewicht.

In beiden Beispielen würde Ihnen ein Magnetarmband am rechten Handgelenk helfen, die Energie ins Gleichgewicht zu bringen und Sie könnten sich einfacher und besser von bestehenden Mustern lösen.

Teil 4

Wie wir uns selber helfen können

Selbstdiagnose: ein Leben ohne Ärzte?

Ein Medizinstudium dauert ziemlich lange, das ist uns allen bekannt. Im normalen Leben begegnen wir glücklicherweise nur einer kleinen Zahl von Krankheiten, über die wir uns anschließend etwas genauer informieren und wissen, wie wir damit umzugehen haben. Selbstdiagnose ist ein sehr wertvoller Bestandteil der medizinischen Akutversorgung im Alltag, und den ganz simplen Krankheiten wie Grippen, Magenverstimmungen, Muskelkater, Kopfschmerzen und vielem, vielem mehr kann bewußt und aktiv entgegnet werden. Auch die Selbstversorgung von einfachen Verletzungen gehört zum elementaren Alltagswissen, das wir mitbringen sollten. Ob leichte Verbrennungen, Schnittwunden oder Schürfungen, so viele kleine Unfälle passieren in Sekunden und dann ist umgehendes Handeln gefragt.

Doch bei allem großen Grundwissen, ein Spezialist ist immer besser als ein Laie. Wir bringen doch unsere Autos auch in die Werkstatt, wenn dem Fahrzeug etwas fehlt, und genauso verantwortungsvoll sollten wir auch mit unserem Körper umgehen. Zudem können Autos ersetzt werden, sie werden am Fließband hergestellt, unser Körper ist im klassischen Sinne nicht austauschbar.

Doch bei allem großen Grundwissen, ein Spezialist ist immer besser als ein Laie

Falls Sie dank diesem Buch körperliche Linderung finden, sich mit Magneten aufbauen und aktivieren können, so freut mich das sehr. Wenn Sie jedoch von einem großen Leiden geplagt werden, lassen Sie sich von einem Spezialisten beraten. Die Mediziner, Naturheilärzte, Akupresseure und viele mehr haben ihre Fachgebiete über Jahre studiert und möchten sie auch, gemäß dem ärztlichen Eid, zum Dienste der Menschen einsetzen.

Tips und Ratschläge

Es gibt Ratschläge, die sind eigentlich für jedermann und jederzeit anwendbar und gültig. Doch gerade im Bereich der Gesundheit können Sie viele gegensätzliche Ratschläge finden, weil sie sich nicht auf den gesamten Menschen sondern auf eine spezifische Krankheit beziehen. So helfen Leinsamen und Pflaumen sicherlich einem Menschen, der unter Verstopfung leidet, aber schaden mit der genau gleichen Wirkkraft demjenigen, der mit Durchfall seine liebe Mühe hat.

Alle Ratschläge, die sich auf eine bestimmte Krankheit beziehen, dürfen auf keinen Fall verallgemeinert werden. Das obige Beispiel ist für uns alle gut verständlich, weil jeder von uns schon einmal damit Bekanntschaft geschlossen hat. Auf den folgenden Seiten finden Sie zahlreiche Informationen, welche Nahrungsmittel gut tun, was unterstützt und damit der Gesundung hilft. Vergessen Sie dabei aber auf keinen Fall, daß diese Tips immer in direkter Verbindung zur entsprechenden Krankheit stehen. Natürlich sind frisches Obst, frisches Gemüse und duftende Gewürzkräuter ein idealer Bestandteil unserer Nahrung, doch auch hier gibt es Ausnahmen, die wir vorbehaltlos akzeptieren müssen, auch wenn wir das vielleicht ohne Erklärung eines Fachmanns nicht verstehen. So wird ein Erdbeeren-Allergiker den schönsten Coupe Romanoff zurückschieben, obwohl diese köstlichen roten Früchte für alle anderen am Tisch gesund und vitalisierend sind.

Auf den folgenden Seiten finden Sie zahlreiche Informationen, was unterstützt und damit der Gesundung hilft

Viele Ratschläge sind uns allen bekannt und trotzdem befolgen wir sie nicht. Aus Bequemlichkeit, aus falscher Scham, aus Gründen von Leistungsdruck und aus Gründen, die mit Verlustangst verbunden sind. Damit sind natürlich noch lange nicht alle Möglichkeiten genannt. Neben der Ernährung sind vor allem die guten Ratschläge in Bezug auf Streß in unserer Leistungsgesellschaft zu einem wesentlichen Thema geworden. Streß hat eine ganz sonderbare Gestalt. Zum einen suchen wir selber immer wieder die Herausforderung, die uns an die Grenzen unserer Leistungsfähigkeit bringt, sind stolz auf uns, wenn wir etwas Überdurchschnittliches geleistet haben, aber Streß ist nur auf ganz kurze Dauer „gesund". Wenn der Streß zu Marathon wird, stößt der einzige vernünftige Rat, diesen Dauerlauf gegen sich selber abzubrechen, meist auf taube Ohren.

Man kann es nicht immer aufschieben, etwas für die Gesundheit zu tun

Westliche Ärzte und östliche Ratschläge

Akupunktur und Akupressur haben in den vergangenen Jahren auch bei uns einen Stellenwert erreicht, den man als „akzeptierte Behandlungsmethode" bezeichnen könnte. Doch nicht alle Therapieformen, die aus Asien zu uns gebracht wurden, haben diesen Bekanntheitsgrad. Kein Arzt, kein Heilpraktiker und kein Therapeut ist verpflichtet, sich in Ayurveda oder Magnettherapie auszukennen. Und genausowenig sind Sie verpflichtet, bei einem Arzt zu bleiben, der Sie mit Methoden behandelt, die Sie nicht mögen. Hier spielt neben der Vertrauensbasis, der Sympathie auch das ganz simple Gesetz jeglicher Marktwirtschaft, das Gesetz von Angebot und Nachfrage eine Rolle. Je mehr Patienten nach einer Behandlungsform fragen, desto mehr wird das berufliche Interesse der behandelnden Personen geweckt.

Je mehr Patienten nach einer Behandlungsform fragen, desto mehr wird sie angeboten werden

Jeder Naturheilarzt und jeder Therapeut, der sich mit Akupressur auskennt, kann Sie auch mit Magneten therapieren. Wo eine Fülle herrscht, wird die negativ gepolte Seite (Yin) aufgelegt und wo eine Leere ist, wird mit der positiven (Yang) Energie gearbeitet. Am Ende dieses Buches finden Sie eine Bezugsquelle für die Magnete.

Doch nun widmen wir die folgenden Seiten der Praxis und ich würde mich sehr freuen, wenn ich Ihnen dabei behilflich sein kann, ein gesundes, ausgeglichenes, frohes und schmerzfreies Leben zu führen.

Akne

Die meisten Jugendlichen leiden in der Pubertät unter Akne, aber noch immer im „erträglichen Rahmen“, ohne daß größere seelische Probleme die Folge wären. Die meisten Jugendlichen „basteln“, sobald sie einen Pickel entdeckt haben, ständig daran herum. Von den drei Faktoren, die Akne begünstigen, sind einer davon die entzündungsfördernden Bakterien, die somit durch die Finger im ganzen Gesicht verteilt werden. Der zweite Faktor ist die Umstellung der Hormone, und zwar der Androgene, der männlichen Sexualhormone. Jede Frau und jeder Mann haben weibliche wie auch männliche Hormone in sich, jedoch entsprechend verteilt, wie beim alten chinesischen Symbol Yin/Yang. Bis diese Hormone ihr neues, erwachsenes Gleichgewicht gefunden haben (das kann bis zum 30. Lebensjahr dauern), sind sie als wesentlicher Verursacher für Akne anzusehen. Erbveranlagungen können der dritte Faktor, sein.

Erste Devise: Finger weg von den Pickeln

Wer unter Akne leidet, hilft sich schon viel, indem das Gesicht und vor allem die Hände regelmäßig gereinigt werden. Je mehr die Tendenz da ist, mit den Fingern ständig im Gesicht rumzustreichen, desto mehr sollte ein Ausgleich gesucht werden, wo die Finger „zwangsweise“ anders beschäftigt sind, sei es beim Sport oder am Computer, wo die Finger auf der Tastatur oder am Joystick sind.

Für die Jugendlichen in unseren Breitengraden sind Sonne und Salzwasser (Badeurlaub) eine wahre Wohltat für die geplagte Haut. Die umstrittenen Solarienbesuche im Winter werden, wenn sie nicht mehr als zweimal pro Monat und für kurze Zeit abgestattet werden, auch für Jugendliche als helfend bei Akne angesehen.

Wenn Mädchen unter extrem starker Akne leiden, kann auch mit Hilfe einer speziellen Pille der Hormonhaushalt etwas näher an das Gleichgewicht gebracht werden. Jede starke Form von Akne gehört sicherlich in die Hände einer Fachperson, denn nebst den körperlichen Problemen ist eine starke Form von Akne für das eigene Selbstbewußtsein nicht gerade förderlich, vor allem, wenn soziale Kontakte dadurch abbrechen.

> Tip: Hände weg von den Pickeln! Je mehr Sie daran „rumdoktern“ desto röter und entzündeter wird die Haut. Zudem werden die Bakterien im ganzen Gesicht verteilt und damit ist der Grundstein für neue Pickel gelegt. Waschen Sie sich regelmäßig auch die Hände und nicht nur das Gesicht mit genügend Seife.

Wo der Körper leidet

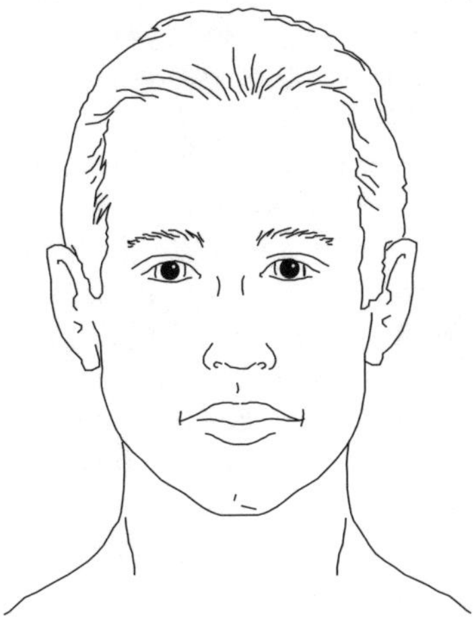

So können Sie Ihre Beschwerden lindern

Wenn Sie Ihren Daumen an die Hand drücken entsteht ein Berg, die Maus genannt. In der Mitte der Maus befindet sich der Punkt Di 4, dem Sie in diesem Buch noch oft begegnen werden. Er zeigt uns an, wie gut wir uns selber schützen können. In der Pubertät ist hier ganz natürlich auf hormoneller Ebene ein Ungleichgewicht. Der Du Mai Meridian, insbesondere Punkt 14 hilft, sich selber wieder zu stärken. Ein Magnetpflaster oder eine Magnetkette stimulieren den Vater aller Yang-Meridiane.

Punkte am Ohrrand unterstützen das vegetative Nervensystem. Es können auch gleichzeitig mehrere Magnet-Ohrclipse getragen werden, Löcher sind nicht erforderlich.

Den Punkt 6 vom Milz-Meridian können Sie sehr gut massieren, er ist sehr leicht zu finden und einfach zugänglich.

Der Schmuck-Punkt

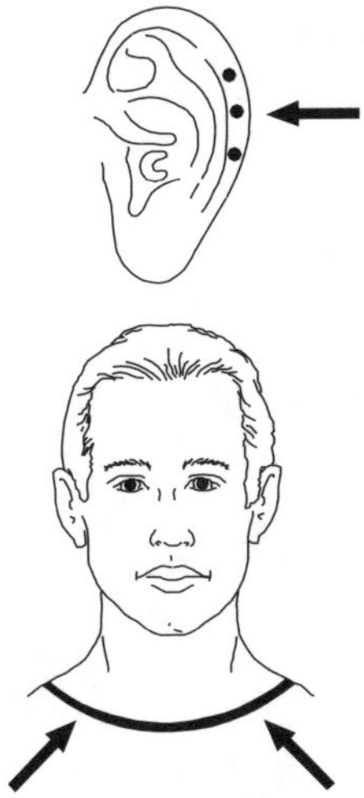

Die Therapie-/Akupressur-Punkte

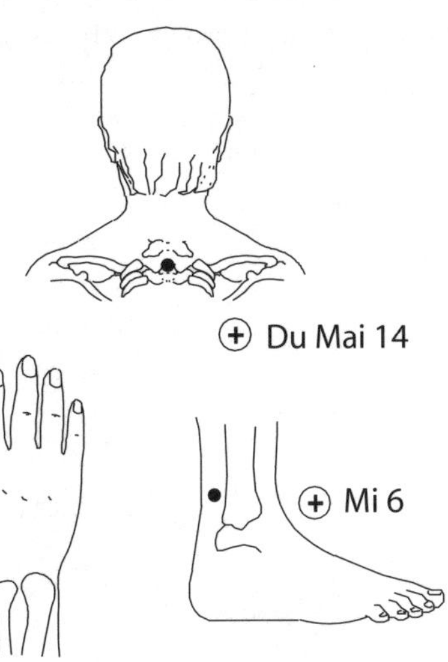

Allergien

Allergien sind für viele Menschen zu einem echten Alltagsproblem geworden. Meistens reagiert die Haut mit roten Flecken oder Ekzemen, die zudem äußerst unangenehm jucken können. Auch geschwollene und tränende Augen oder ständiges Niesen und eine laufende Nase sind häufige Reaktionen.

Wenn die Allergien durch Kontakt ausgelöst werden, so kann bereits die Wahl des Waschmittels, von Kosmetika, Medikamenten, des Materials des Reißverschlusses (Nickel) oder auch der Reinigungsmittel entscheiden, ob alles gut geht oder ob der Körper negativ reagiert. Sind die Stoffe erst einmal bekannt, die allergische Reaktionen auslösen, kann man sich in den eigenen vier Wänden schützen, aber bei Freunden, in den Ferien, bei der Arbeit oder unterwegs ist man nach wie vor und tagtäglich dem vollen Allergie-Risiko ausgesetzt.

Nahrungsmittelallergien lassen sich etwas leichter in den Griff kriegen, in dem man (auch im Restaurant) die Lebensmittel meidet, die Allergien auslösen. Die häufigsten Verursacher sind Milch, Eier und Fisch aber auch auf Erdbeeren reagieren sehr viele Leute. Schwieriger wird es allerdings bei allergischen Reaktionen auf Gewürzstoffe. Dazu kommt leider noch, daß sehr viele Menschen gar nicht glauben können, daß nur eine kleine Prise von einem Gewürz eine riesige allergischen Reaktionen auslösen kann und sie dem allergischen Gast trotzdem Lebensmittel mit diesen Gewürzstoffen servieren.

Allergie-Auslöser aufspüren und dann einen Weg finden, den Stoff zu vermeiden

Pollenallergien sind auch als Heuschnupfen bekannt. Ebenfalls kann der Hausstaub eine Art Heuschnupfen verursachen. Die Schleimhäute, die Atemwege und die Augen werden in Mitleidenschaft gezogen. Bei kleinen Kindern kann der Heuschnupfen mit starken Hustenattacken gekoppelt sein, bei Erwachsenen mit Magen-Darm-Störungen.

Besonders hart wird die Tatsache einer Allergie, wenn sie berufsbedingt ausgelöst wird. Friseur = Dauerwellenpräparate, Maler = Farben, Schreiner = Leime etc., um nur ein paar Beispiele zu nennen.

Tip: Wissen ist Macht – und in diesem Falle ist es die Macht über Ihr eigenes Wohlbefinden. Nichtwissenheit schützt vor Allergien nicht. Lassen Sie bei Verdacht einen Allergie-Test machen. Wenn Sie den Stoff kennen, der Ihnen zu schaffen macht, so ist der nächste Schritt, alles über den Verursacher zu erfahren und zu wissen, wo er sich befindet, mit welchen anderen Stoffen er zusammen gebracht wird, wie seine Fachausdrücke (falls vorhanden) heißen, wie Sie sich davor schützen können etc. In der Medizin wird oft erfolgreich die Desensibilisierung eingeleitet, allerdings erfolgt dieser Prozeß unter ärztlicher Kontrolle.

Wo der Körper leidet

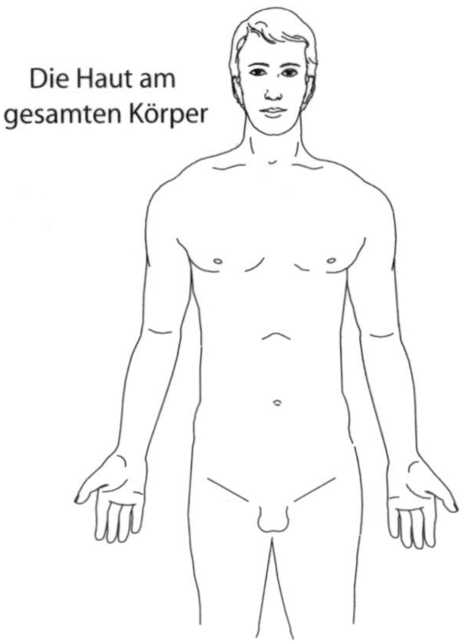

So können Sie Ihre Beschwerden lindern

Wenn ein Präparat, das Allergien verursacht, einmalig und hochkonzentriert mit der Haut in Kontakt kommt, kann es zu einer allergieähnlichen Reaktion kommen. Meistens ist sie mit einer Rötung der Haut und Juckreiz verbunden.

Um die eigenen Kräfte zu stärken und wieder ins Gleichgewicht zu bringen, empfiehlt sich eine Magnetkette.

Falls sich die Haut jedoch nach ein paar Tagen nicht wieder beruhigt hat, sollten Sie sich an eine Fachperson wenden.

Der Schmuck-Punkt

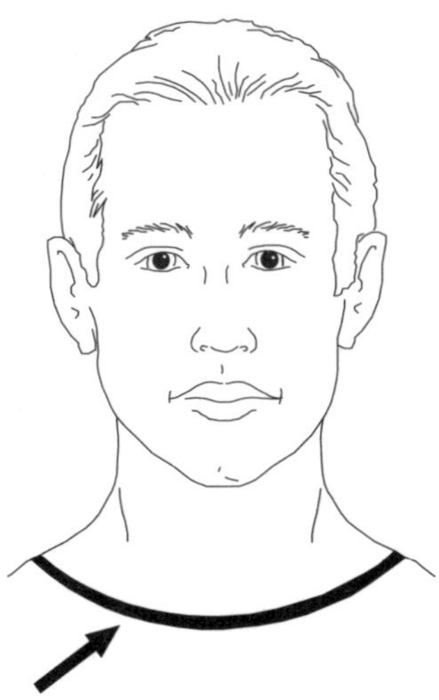

Die Therapie-/Akupressur-Punkte

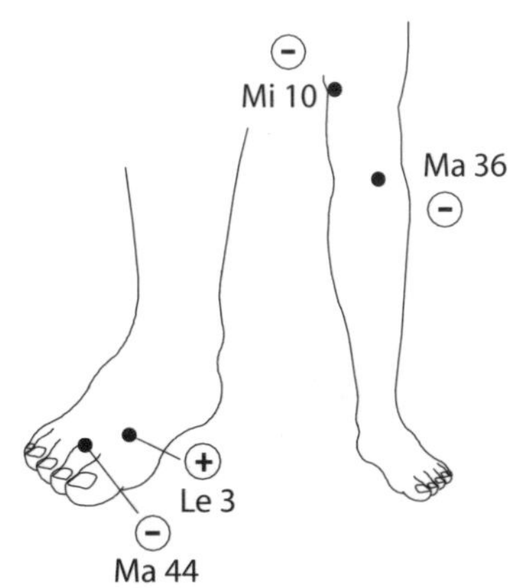

Allergien: allgemeine Reaktionen

Wo der Körper leidet

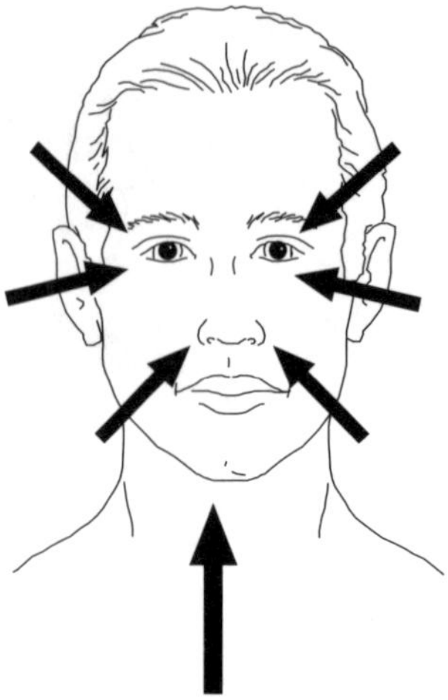

So können Sie Ihre Beschwerden lindern

Es gibt eine Form von Heuschnupfen, bei der nur die Augenpartie leidet. Die Nase und der Hals bleiben verschont. Wenn dies Ihr Heuschnupfen ist, können Sie bei „Allergien allgemein" weiterfahren. Falls jedoch Ihre Nase und Ihre Schleimhäute in Mitleidenschaft gezogen sind und Husten dazu kommt, helfen Sie sich ganz stark, indem Sie den Lungenmeridian mit einem Magnetarmband am linken Handgelenk unterstützen.

Der Schmuck-Punkt

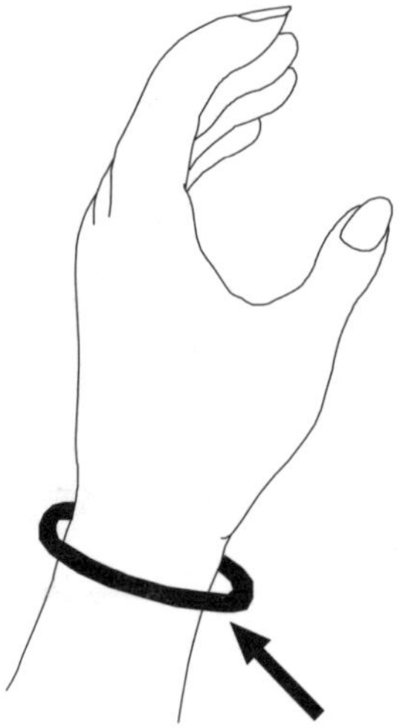

Die Therapie-/Akupressur-Punkte

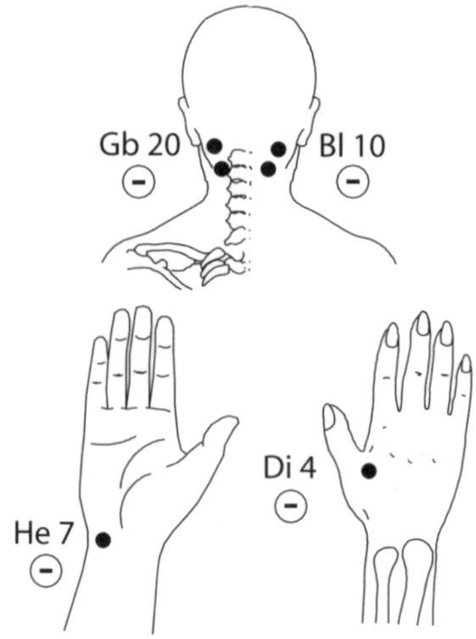

Allergien: Heuschnupfen

Wo der Körper leidet

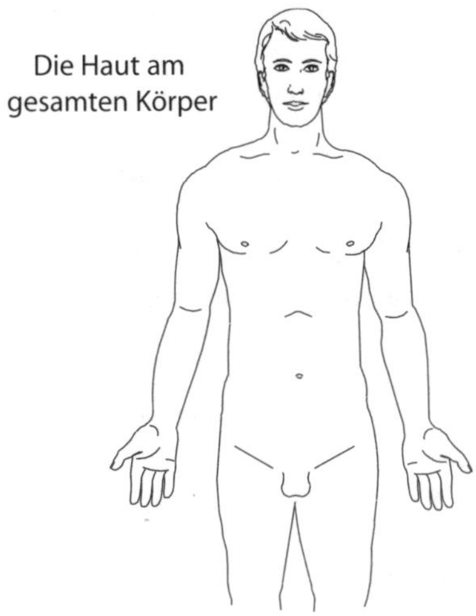

So können Sie Ihre Beschwerden lindern

Wenn die Haut regelmäßig und heftig auf Produkte und Materialien reagiert, ist das für die Betroffenen ziemlich leidvoll. Stimulieren Sie die beiden Punkte vom Dickdarm-Meridian regelmäßig. Dieser Meridian steht im übertragenen Sinne dafür, daß wir uns selber besser schützen können, und damit sind auch die „modernen Feinde" wie Allergieverursacher gemeint.

Wie bei den allgemeinen allergischen Reaktionen empfiehlt sich auch hier eine Magnet-Kette, um das innere Gleichgewicht zu festigen und die eigenen Kräfte zu stärken.

Der Schmuck-Punkt

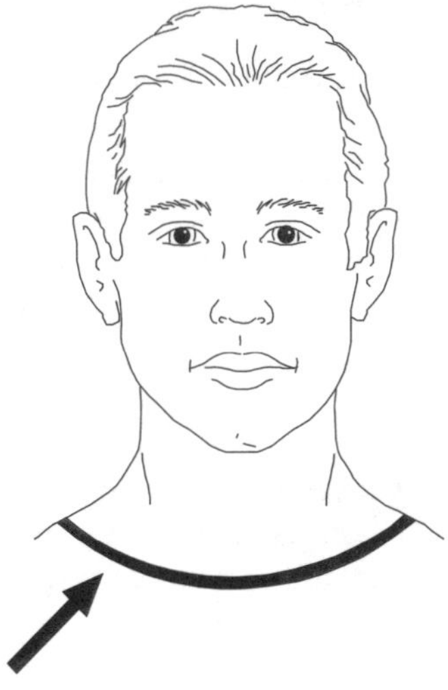

Die Therapie-/Akupressur-Punkte

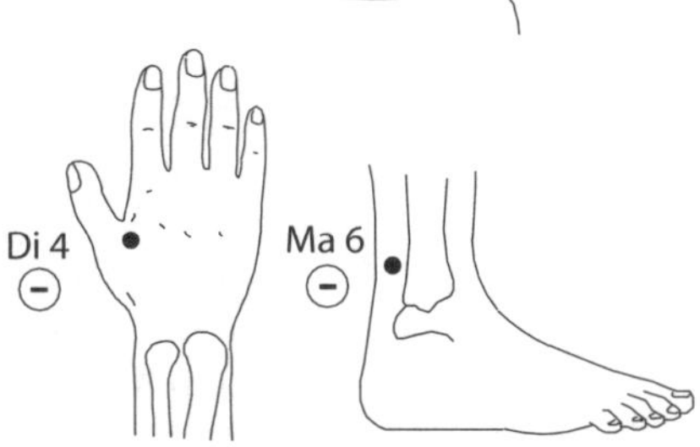

Allergien: Neurodermitis

Angst

Angst und Angstzustände können überall und vor allem sehr plötzlich ausgelöst werden. Mit der Angst treten Begleiterscheinungen wie Herzklopfen, Herzjagen, Angstschweiß, Schwindel, Atemnot, weiche Knie, Zittern oder auch flaue Gefühle und Schmerzen im Magenbereich auf.

Wer Angst hat ist nur noch ein Schatten von sich selbst. Wir alle kennen dieses Gefühl, auch wenn einige von uns, die sich vor fast gar nichts fürchten, bis in die Kindheit zurückdenken müssen. Kinder reagieren auf Dunkelheit und Gewitter (Donner und Blitz), aber auch auf Streßsituationen wie Prüfungen in der Schule oder Eindrücke aus einem Film. Ein häufiger Begleiter von Angst sind starke Träume. Ängste werden entweder von bestimmten Situationen oder bestimmten Personen ausgelöst.

Ängste werden entweder von bestimmten Situationen oder bestimmten Personen ausgelöst

Doch glücklicherweise sind die Punkte, die die Angst mildern, jederzeit und sehr einfach zugänglich. Ob im Flugzeug, in der Bahn oder auf der Straße, das Massieren dieser Punkte fällt überhaupt nicht auf.

Wenn die Ängste Ihr Leben dominieren, ist es sicherlich ratsam, die Hilfe eines Psychologen in Anspruch zu nehmen. Ängste wirken nicht nur auf unseren seelischen Zustand, sondern ziehen auch den gesamten Körper in Mitleidenschaft.

In der Ohrkante befinden sich zahlreiche Akupressurpunkte des vegetativen Nervensystems. 2teilige Magnetohrringe (Vorderseite = Schmuckseite, Rückseite = Magnetplättchen) können eine optimale Unterstützung bieten.

Auch die Natur hat gegen Angstzustände einige Kräuter wachsen lassen. Baldrian hat eine beruhigende Wirkung, ebenso Hopfen. Johanniskraut ist das „Antidepressivum" der Natur und wirkt gleichzeitig gegen Nervosität. Lavendel hilft bei Einschlafstörungen aber auch bei Unruhezuständen und die Melisse wirkt ebenfalls beruhigend, jedoch zusätzlich bei nervösen Magenbeschwerden und Nervosität.

Suchen Sie Ihren persönlichen „Glückspunkt"

Tip: Stellen Sie sich eine wunderschöne, entspannte Situation vor (Beispiel: Sie schwimmen im Meer auf dem Rücken eines Delphins – oder – Sie spazieren Hand in Hand in den Sonnenuntergang mit dem Menschen, der Ihnen am meisten bedeutet). Wenn Sie diese Vorstellung richtig spüren, pressen Sie irgendwo auf dem Körper mit dem Daumen einen Punkt Ihrer Wahl. In diesem Punkt wird nun Ihre ganz persönliche „Glücksstimmung" gespeichert. Wenn Sie sich unwohl fühlen, pressen Sie auf diesen Punkt. Nun können Sie jederzeit Ihr persönliches Glücksgefühl abrufen.

Wo der Körper leidet

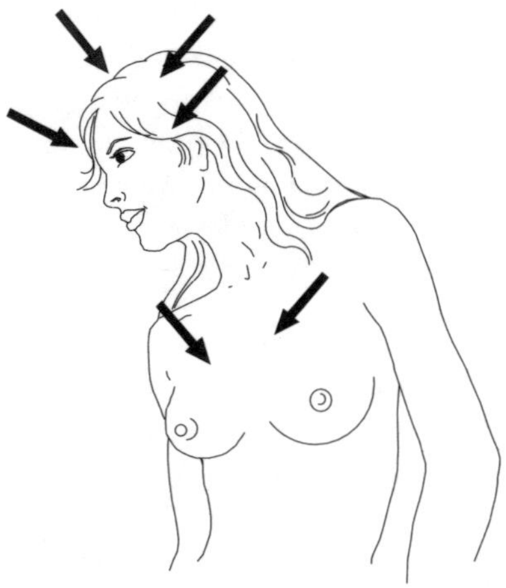

So können Sie Ihre Beschwerden lindern

Suchen Sie die Punkte Pc 6 und He 3 auf Ihrem Arm und lernen Sie die beiden Punkte auswendig, sodaß Sie unverzüglich, wenn ein Angstgefühl auftritt, mit einer sanften Massage einwirken können.

Ein Magnetarmreif unterstützt den Herzmeridian und den Meister-des-Herzens-Meridian.

Eine Ringkombination am kleinen Finger und am Mittelfinger stimuliert beide Meridiane gleichzeitig.

Der Schmuck-Punkt

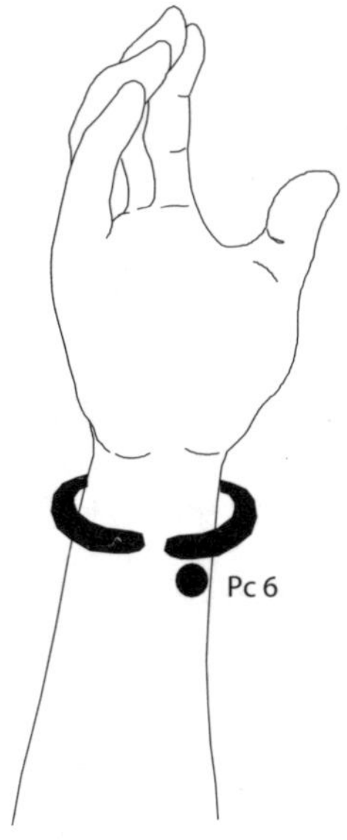

Die Therapie-/Akupressur-Punkte

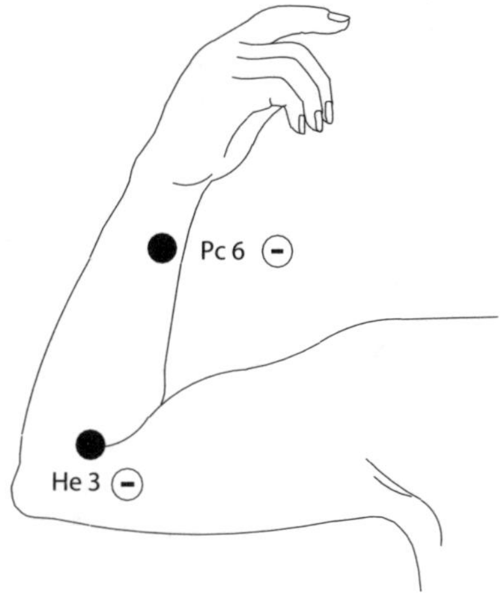

Appetitlosigkeit

Sehr oft wird eine bevorstehende Grippe oder Magen-Darm-Erkrankung durch Appetitlosigkeit angekündigt. Das Hungergefühl wird nicht mehr geweckt und selbst bei einer kleinen Verpflegung fühlt man sich beinahe übersättigt. Auch Zwischenmahlzeiten, nachmittägliche Kuchenpartys, der Verzehr von Süßigkeiten, Schleckwaren und Kaugummis können eine Appetitlosigkeit auslösen. All diese Formen sind normalerweise überhaupt nicht tragisch und regulieren sich automatisch, sobald entweder der Lebenswandel etwas verändert wird oder die Krankheit vorüber ist.

Leben nur von Luft und Liebe

Schon viele Menschen haben in wenigen Tagen mehr Gewicht verloren, als es je durch die beste Diät möglich gewesen wäre, weil sie bis über beide Ohren verliebt waren. Doch normalerweise kehrt auch mit dem Alltagsleben das Alltagsgewicht wieder ein und der Stoffwechsel normalisiert sich von alleine, und zwar in jeder Beziehung.

Tip: Da sich der Magen verkleinert, wenn er anstelle der „normalen Portionen" nur noch Häppchen erhält, ist eine leichte Küche ideal, wenn wieder etwas mehr gegessen wird. Gleichzeitig wird der Appetit durch die Lebensmittel stimuliert, die man besonders gerne mag. Heute erhält man Erdbeeren und frischen Spargel auch noch im Oktober. Obwohl sie dann etwas mehr kosten, wenn dadurch der Appetit wieder kommt, lohnt es sich, hier einmal schwach zu werden

Vor allem junge Mädchen, die die erste große Liebe gefunden haben, reagieren oft mit einer langanhaltenden Appetitlosigkeit, die dann nochmals verstärkt wird, wenn die Beziehung zu Ende geht. Auch eine nicht reale Beziehung (Anhimmeln eines Popstars etc.) kann bei Jugendlichen dieses Phänomen, das als Pubertäts-Appetitlosigkeit bezeichnet wird, auslösen. Wenn der junge Körper zuviel an Gewicht verliert, ist es sinnvoll, eine Fachperson beizuziehen, da im Laufe der Zeit viele lebenswichtige Nährstoffe nicht mehr genügend aufgenommen werden und ein Manko entsteht.

Es gibt allerdings noch einige weniger angenehme Appetitzügler. Dies sind Streß, Überlastung, Sorgen, Probleme oder auch Todesfälle im engsten Familienkreis. Wer seinen Körper nur unzureichend mit den nötigen Mineralien, Vitaminen und Stoffen versorgt, produziert ein Manko, das sich langfristig auf die Gesundheit und die körperlichen Reserven auswirkt. Hier ist der Anfang eines gesundheitlichen „Teufelskreises", der auf jeden Fall ernst genommen werden sollte. Appetitlosigkeit bei Kindern ist nicht selten eine Reaktion auf übermäßige Liebe, die bei den Kleinsten ein erdrükkendes Gefühl auslösen kann. Auch Essenszwang kann Appetitlosigkeit auslösen, was dann zusätzlich noch mit allen Formen von Ekel auf Lebensmittel verstärkt wird. Nachsicht kann manchmal Wunder bewirken.

Wo der Körper leidet

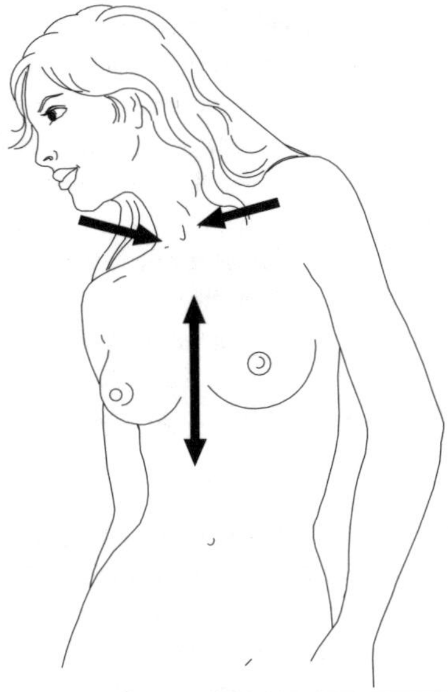

So können Sie Ihre Beschwerden lindern

Wenn der Hunger sich nicht mehr meldet, so kann man ihn auch rufen. Beim genaueren Betrachten der Therapie-Punkte fällt unweigerlich auf, daß der Magen-Meridian gleichzeitig stimuliert und auch beruhigt wird. Das Hungergefühl wird „aus dem Busch geklopft" und die ablehnenden Impulse parallel dazu gedämpft.

Magnet-Pflaster auf dem Fuß oder eine Halskette mit Magneten sind die besten Hilfsmittel.

Der Schmuck-Punkt

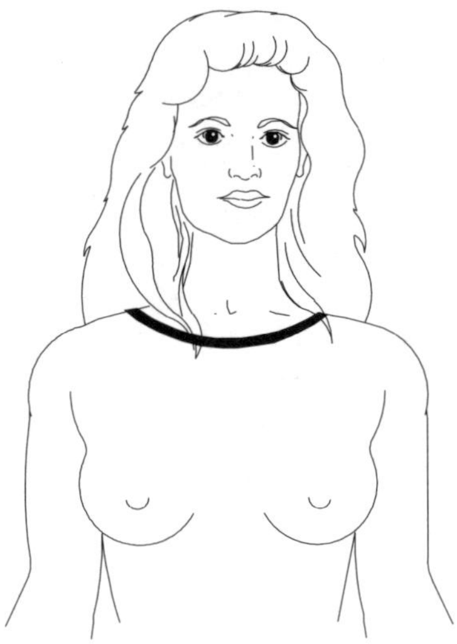

Die Therapie-/Akupressur-Punkte

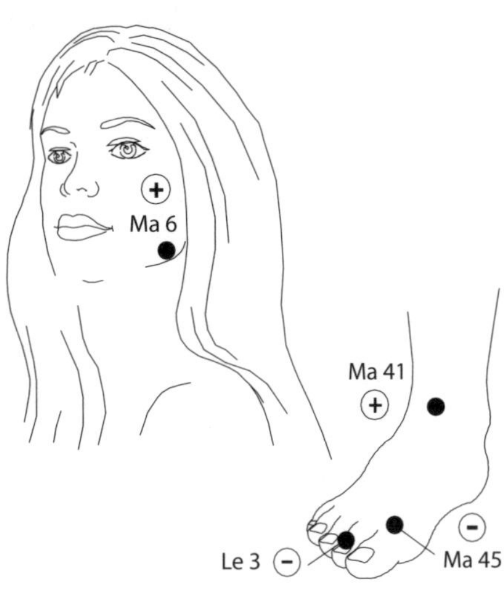

Bauchweh – Magenschmerzen

Bauchweh und Magenschmerzen sind eine unangenehme Sache. Jeder Druck, sei er auch noch so sanft, wird zur Qual. Oft treten die Beschwerden kurz nach dem Essen auf und beruhigen sich erst einige Stunden später wieder. Neben den „normalen Ursachen“ wie zu schnelles Essen, zu wenig Kauen, zu stark gewürzt, zu heiß, zu kalt, zu fettig ist es vor allem der Streß, der unserem Bauch zu schaffen macht. Kaffee, Nikotin und Alkohol sind ebenfalls nicht gerade „magenfreundliche“ Genuß- bzw. Suchtmittel.

Wenn das Bauchweh und die Magenschmerzen durch ein verdorbenes Lebensmittel oder einen Virus verursacht wurden, so empfiehlt sich eine Diät mit Pfefferminz- oder Kamillentee und einer ganz leichten Kost, damit sich der Darm leeren und das belastende Material ausgeschieden werden kann.

Diese Geschichte liegt mir auf dem Magen, das habe ich bis heute noch nicht verdaut

Wem von uns ist nicht schon einmal etwas auf dem Magen gelegen, das mit dem Essen überhaupt nichts zu tun hatte. Streß kann natürlich mit von der Partie sein, aber das ist in diesem Fall nicht zwingend.

Bauchweh muß nicht durch falsches Essen hervorgerufen werden

Der Bauch ist in etwa die Mitte unseres Körpers und in allen asiatischen Lehren das Tor der Energie (drei Finger breit unterhalb des Nabels). Bei den Japanern nennt man diese Gegend Hara, bei den Chinesen Tantien.

Wenn Ihnen eine Geschichte auf dem Magen liegt, so haben Sie diverse Möglichkeiten, sich selbst etwas Linderung zu verschaffen. Zuerst würde ich Ihnen eine intensive 3-Minuten-Tiefenatmung = Bauchatmung empfehlen, damit die Energie wieder fließen kann. Es ist gut möglich, daß Sie bereits nach den ersten Atemzügen einen aktiven Willen verspüren, die Situation zu klären und mit den Augen das Telefon anvisieren. Liegt das Ganze bereits länger zurück und Sie sind die einzige Person, die noch daran „nagt“, dann empfehle ich Ihnen, die gleichen Punkte zu massieren wie beim „ganz normalen Bauchweh“. Mit einer Magnetkette können Sie sich zusätzlich stärken und schützen und somit die alte Geschichte besser verdauen.

Wo der Körper leidet

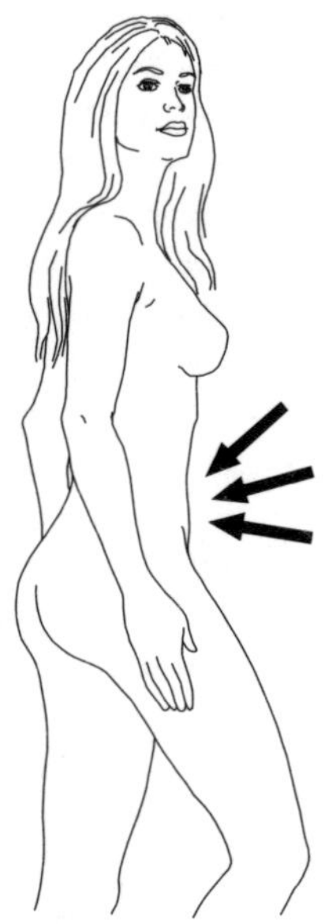

So können Sie Ihre Beschwerden lindern

Bei akutem Bauchweh eignet sich die Akupressur nur begrenzt, da man durch die Schmerzen äußerst sensibel auf jeglichen Druck im Unterleibsbereich reagiert.

Ideal sind Magnete, Magnetpflaster und natürlich auch Schmuck, denn sie erzeugen keinerlei Druckgefühl. Wer durch nervliche Belastung Bauchweg bekommen hat, kann auch den äußeren Rand der Ohren leicht massieren oder Magnet-Druckknöpfe anbringen, denn hier sind die Punkte des vegetativen Nervensystems.

Der Schmuck-Punkt

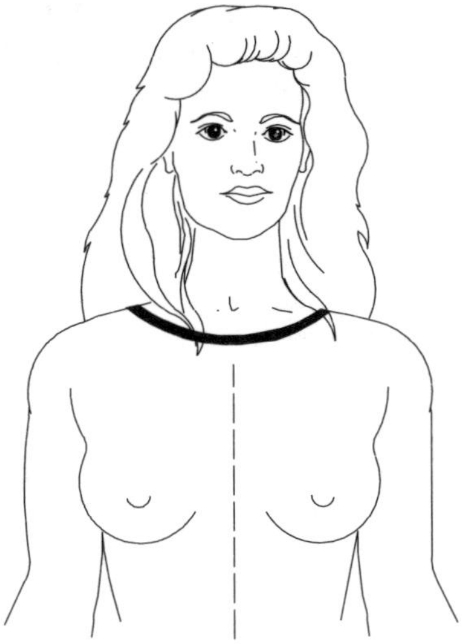

Die Therapie-/Akupressur-Punkte

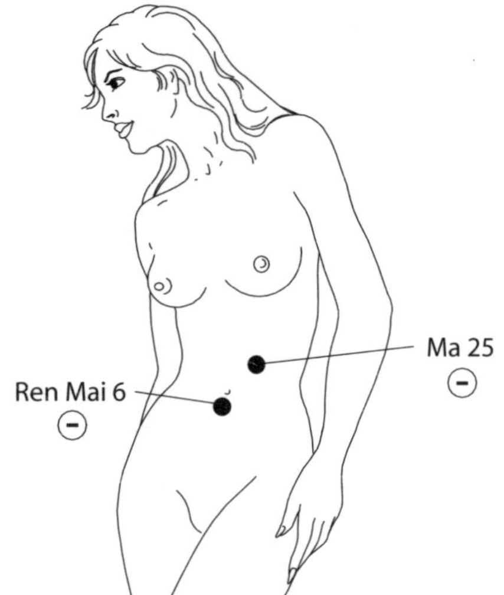

Beinschmerzen

Beinschmerzen treten sehr häufig bei Menschen auf, die überdurchschnittlich lang am Stück stehen oder sitzen. Das Blut, das in einem Kreislauf zirkuliert, findet zwar den Weg „nach unten", hat jedoch Mühe, den Weg zurück wieder reibungslos zu vollziehen. Meistens beginnen die Beschwerden mit Wadenkrämpfen, anschließend schwellen die Füße und schließlich schmerzen die ganzen Beine. Neben dem Blut staut sich auch das Gewebewasser (Lymphflüssigkeit) im Fuß- und Wadenbereich. Die ideale Lösung, die Beine zwischendurch hochlagern zu können, ist für die meisten Menschen tagsüber nicht möglich. Beinschmerzen stehen oft in engem Zusammenhang mit Krampfadern oder sind bleibende „Erinnerungen" von früheren Beinbrüchen oder Verletzungen der Beine. Da es sich jedoch auch um Venenstaus oder Thrombosen handeln kann, sind Beinschmerzen, wenn sie zu einem ständigen Begleiter werden, näher zu untersuchen.

So oft wie möglich die Beine hochlegen, dabei aber nicht durch eine scharfe Kante abdrücken

Eine Situation durchstehen – Standvermögen

Eine neue Idee – ein neues Ziel: das gibt Energie. Wenn sich allerdings der Verlauf nicht so entwickelt, wie wir es uns vorgestellt haben, so schwindet die Freude und mit ihr die Energie. In solchen Momenten braucht es Standvermögen. Meist ist es wie beim Blutkreislauf. Die Hälfte ist knapp geschafft und nun stockt es – genau wie das Blut, das, wenn es ganz unten ist, einfach nicht mehr hoch mag. Doch nicht nur selbst verursachte Situationen haben einen Tiefpunkt. Auch der Alltag, das Schicksal beschert uns solche Momente. Der Verlust eines Menschen, Tod, Trennungen, der Verlust des Arbeitsplatzes, Unfälle, Krankheiten und vieles mehr, jeder von uns muß irgendwann eine oder mehrere dieser Situationen durchstehen. Das sind dann auch die Tage, wo man sich ernstlich fragt, wofür es sich eigentlich lohnt, noch aufzustehen. Doch der Weg und das Ziel des Blutes ist es, den Weg zum Herzen wieder zu finden und genau dasselbe gilt auch im übertragenen Sinne im Leben. Irgend ein Ereignis bringt die Energie wieder in Fluß und pumpt schließlich die Lebensfreude wieder bis zum Herzen.

Tip: Helfen Sie Ihrem Blut, den Weg in Richtung Herzen einfacher zu bewältigen. Legen Sie Ihre Beine hoch, aber so, daß keine Tischkante in die Waden drückt. Am besten legen Sie sich auf das Bett und die Beine hoch zur Wand. Eine schöne Musik dazu hilft zusätzlich, sich zu entspannen und Energie zu tanken.

Roßkastanie und Mäusedorn, das sind zwei der Heilpflanzen, die uns die Natur geschenkt hat. Allerdings werden sie nicht in Form von Blättern oder Tee, sondern durch Salben in den Fachgeschäften angeboten.

Wo der Körper leidet

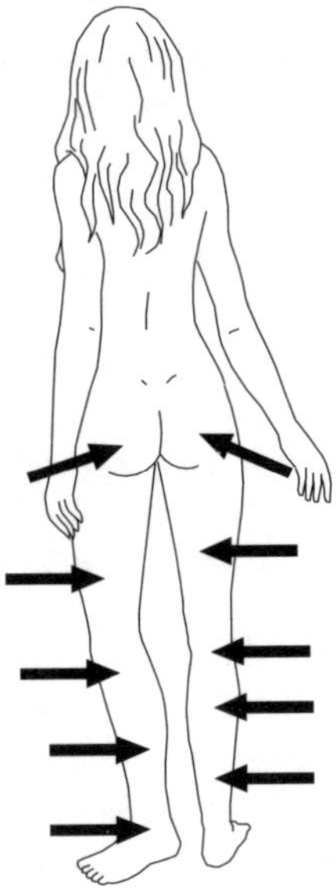

So können Sie Ihre Beschwerden lindern

Beinschmerzen sind, wenn man die Therapie-Punkte betrachtet, keine simple und banale Angelegenheit. Um den Beinschmerzen entgegenzuwirken, werden auf 4 verschiedenen Meridianen (Magen – Leber – Gallenblase – Blase) jeweils ein Punkt mit Negativ-Energie stimuliert. Zudem kommen 2 Sonderpunkte zum Einsatz, wobei einer aus zwei Druckstellen besteht.

Die Behandlung von Beinschmerzen mit Magneten und Akupressur entspricht genau dem gleichen Prinzip wie die bei uns bekannten Wechselbäder. Die Yang-Meridiane werden durch Yin in die Wechselwirkung gebracht und dabei gestärkt und gekräftigt.

Der Schmuck-Punkt

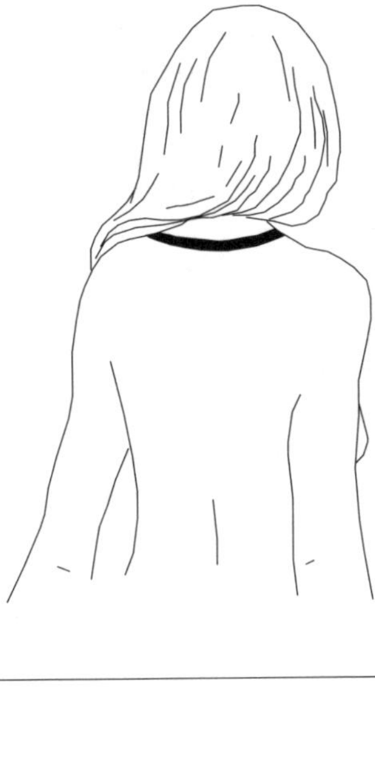

Die Therapie-/Akupressur-Punkte

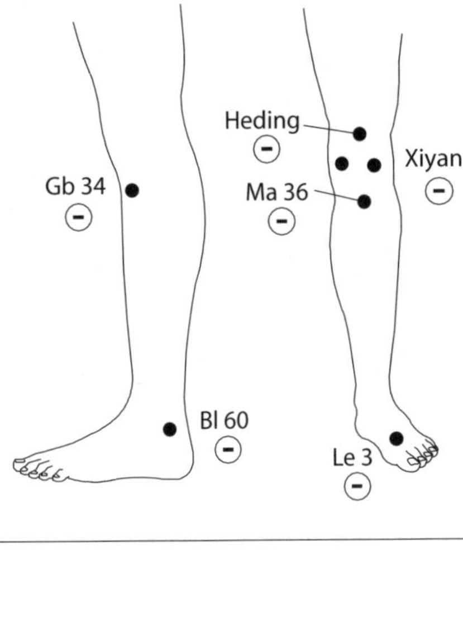

Blasenreizung – Blasenkatarrh

Wie jede Erkältung, die sich nach einigen Tagen nicht von selbst wieder zurückbildet, ist auch hier der Gang zum Arzt unumgänglich

Ähnlich wie ein kleiner Stausee sammelt die Blase die stetigen Tröpfchen Urin aus den Harnleitern, bis die Blase genügend voll ist, um geleert zu werden. Die Blase und die Niere sind sehr eng miteinander verbunden, denn es ist die Niere, die das Öffnen und das Schließen des Harnleiters unter Kontrolle hat.

Blasenreizungen und Blasenkatharr haben sehr oft ihre Ursache bei Erkältungen, die durch Unterkühlung oder Abkühlung nach starkem Schwitzen relativ einfach zustande kommen können. Häufiger (zum Teil massiver) Harndrang ist die Folge, doch allerdings mit ganz minimalen Mengen an Urin. Wie jede Erkältung, die sich nach einigen Tagen nicht von selbst wieder zurückbildet, ist auch hier der Gang zum Arzt meines Erachtens unumgänglich.

Der „Frauen-Klassiker"

Nieren-Blasen-Probleme sind der „große Frauen-Klassiker". Die Harnröhre ist bei der Frau nur ganz kurz, etwa neunmal kürzer als beim Mann. Somit haben die Keime nur einen kleinen Weg zu überbrücken, bis sie in der Blase sind, um eine Blasenentzündung auszulösen. Wenn die Keime dann weiter den Harnleiter entlang steigen, können sie ganz leicht eine Nierenbecken-Entzündung provozieren, denn die Niere ist für Infektionen sehr anfällig.

Denken Sie auch wieder etwas mehr an sich selbst und vergessen Sie nicht, sich selber etwas vermehrt zu verwöhnen. Viele Frauen neigen dazu, an alle anderen zu denken, außer an sich selbst. Doch nur wer gesund ist, kann auch mit vollen Kräften geben. Der Anfang liegt somit immer bei der eigenen Person, damit die innere Sonne genügend Kraft hat, die umstehenden Menschen zu erwärmen und zu verwöhnen

Der Nieren-Meridian bezieht seine Energie aus dem Blasen-Meridian, doch dieser produziert in geschwächtem Zustand natürlich viel zu wenig Energie. Somit fällt auf den Versorger des Blasen-Meridians die doppelte Aufgabe, gleich für zwei Kreisläufe zuständig zu sein. Daß das nicht lange gut gehen kann, versteht sich fast von selbst.

Der Hauptversorger bei Nieren-Blasen-Leiden ist der Dünndarm-Meridian, an ihn wird die ganze Verantwortung abgegeben. Unterstützen Sie Ihre Kräfte mit einem Magnetarmband am linken Arm und massieren Sie die akuten Punkte, die Sie auf der folgenden Seite eingezeichnet sehen.

Tip: Verwöhnen Sie die Nieren- und Blasengegend mit viel Wärme und achten Sie darauf, nach starkem Schwitzen die Wäsche wechseln zu können. Unterstützend helfen Nieren-Blasen-Tees (Bärentraube – Brennesselkraut – Birkenblätter – Löwenzahn – Schachtelhalm – Wacholder) den beiden Organen, sich zu reinigen.

Wo der Körper leidet

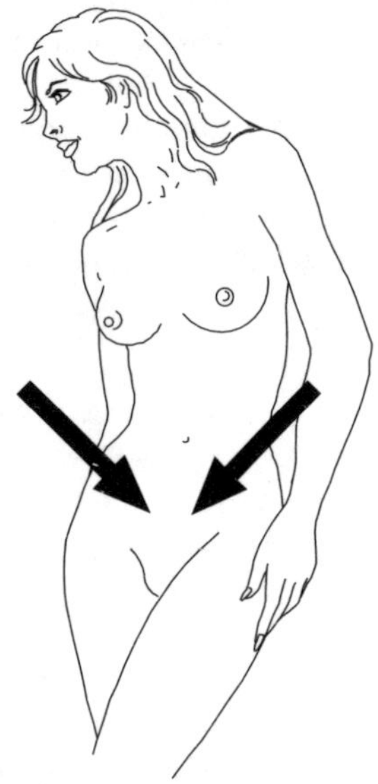

So können Sie Ihre Beschwerden lindern

In der Kniekehle befindet sich der Punkt Bl 40, einer der häufig gebrauchten Punkte. An der Innenseite des Fußgelenkes treffen wir auf eine Serie von Nierenpunkte, die für eine sanfte Massage gut zugänglich sind.

Der Endpunkt des Blasenmeridians liegt außen seitlich beim Nagel des kleinen Zehen. Achten Sie daher momentan vermehrt darauf, daß der kleine Zeh im Schuh auf keinen Fall eingeengt oder gar eingedrückt wird.

Der Schmuck-Punkt

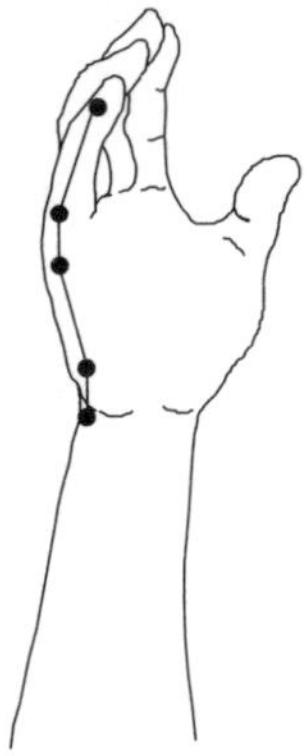

Der Dünndarm-Meridian wirkt krampflösend auf allen drei Ebenen: körperlich, seelisch und geistig

Die Therapie-/Akupressur-Punkte

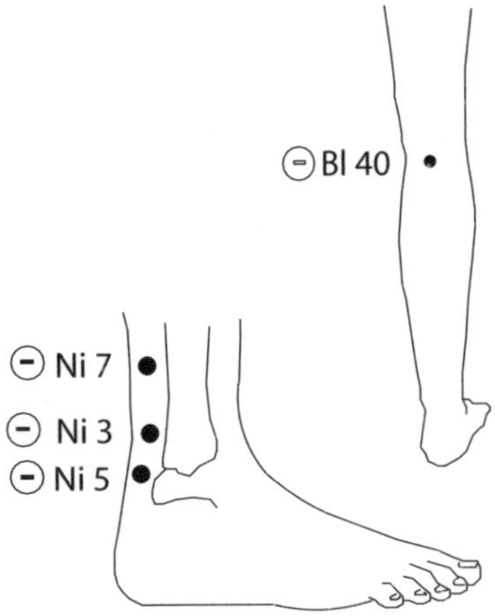

Blutdruck, zu hoch

Erste Devise: Gesund ernähren und Streß vermeiden

Bluthochdruck könnte man mit einem Sturm vergleichen, dessen Ende nicht mehr absehbar ist. Nur findet dieser Sturm nicht in der Luft, sondern im Blutkreislauf statt. Bei Ärger, Wut, Erregung und Streß, bei Ängsten und natürlich bei körperlicher Leistung wie Sport oder ungewohnter Aktivität steigt der Blutdruck ebenfalls an, meistens jedoch nur kurzfristig. Bluthochdruck steht in engem Zusammenhang mit den berüchtigten Herzinfarkten, Schlaganfällen und Durchblutungsstörungen.

Tip: Zwei Dinge sind bei Bluthochdruck unbedingt in den Griff zu kriegen: Die Ernährung und der Streß. Bei der Ernährung ist normalerweise der Kochsalzkonsum fünfmal zu hoch, was durch Wurstwaren, Konservengemüse und andere gesalzene Lebensmittel sehr schnell zustande kommt, da unser Körper eigentlich nur drei Gramm (Jodsalz) bedürfte. Lebensmittel wie frisches Obst und Gemüse tragen das hilfreiche Kalium in sich, und viele Gewürzpflanzen wie Zwiebeln, Knoblauch, Kresse, Petersilie und Thymian wirken regulierend auf den Kreislauf. Als absoluter Favorit wird allerdings Soja gehandelt. Beim Streß ist es leider so, daß sehr viele Menschen erst nach einem überstandenen Herzinfarkt ihre Lebensgewohnheiten auch wirklich ändern. Gerade Männer leben oft jahrelang in einer Art Zwangsjacke aus beruflichem Streß und Verantwortungsbewußtsein gegenüber der Familie. Bluthochdruck mit seinen Folgen ist auf jeden Fall eine Schattenseite unserer Leistungsgesellschaft, wobei jeder einzelne sein eigenes Maß finden muß.

Der Schmuck-Punkt

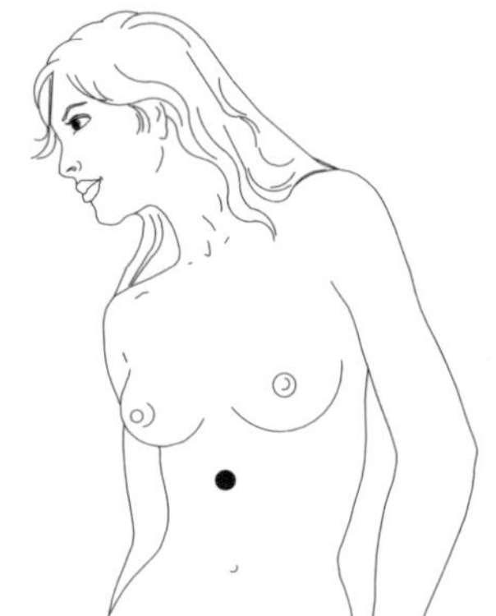

Die Therapie-/ Akupressur-Punkte

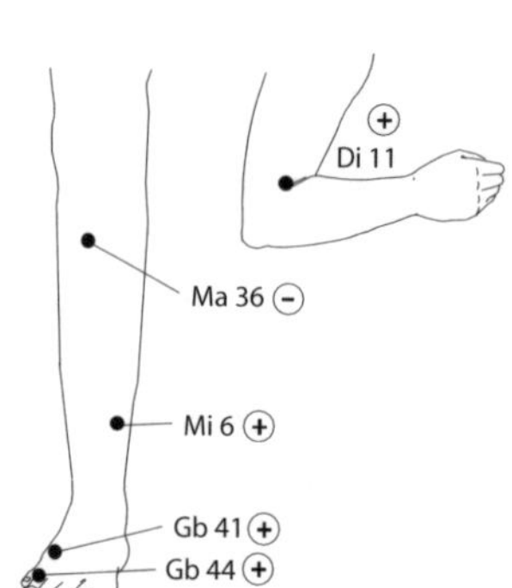

Blutdruck, zu niedrig

Das Frühstück nicht wegfallen lassen und sich zu sportlicher Bewegung aufraffen

Wenn man den Bluthochdruck mit einem Sturm vergleicht, der kein Ende nimmt, so entspricht der niedrige Blutdruck einem Lüftchen, das nicht einmal ausreicht, um ein Zimmer zu lüften. Viele Menschen mit niederem Blutdruck werden sehr, sehr alt. Allerdings brauchen sie jeden Tag erst einmal ein paar Stunden, um in Fahrt zu kommen. Frieren ist auch ein Thema, das bei niedrigem Blutdruck ständig aktuell ist, der ganze Körper ist „auf eine Art Sparflamme geschaltet".

Tip: Vor allem am Morgen brauchen Menschen mit niederem Blutdruck eine äußerst lange Anlaufphase, bis sie voll aktiv sind. Ein gesundes Frühstück wäre bei niedrigem Blutdruck ideal, aber hier wird gerne gesündigt und gar nichts gegessen, denn auch der Appetit ist noch nicht wach. Nur ein starker Kaffee oder Tee kann die müden Geister und Glieder etwas aufwecken. Damit der Blutzuckerspiegel nicht zusätzlich in den Keller fällt, wäre wenigstens etwas Zucker oder Kaffeesahne im Getränk oder ein kleines Stückchen Schokolade angebracht. Wer schnell friert, hat auch keine Lust, die warmen Kleider gegen einen kleinen Turndreß auszutauschen und liegt lieber unter der warmen Wolldekke auf dem Sofa, als sich die Wärme durch Aktivität zu holen. Da jedoch Konzentrationsstörungen, Wetterfühligkeit, Schlafmangel und Streßgefühle bei psychischer Belastung durch Ausgleichssport etwas abgefangen werden könnten, bietet eine Überwindung für ein langes und gleichzeitig auch gesund-aktives Leben eine interessante Perspektive.

Sport ist bei niedrigem Blutdruck eine Art Zaubermittel, doch auch hier siegt meist der falsche Impuls

Der Schmuck-Punkt

Die Therapie-/ Akupressur-Punkte

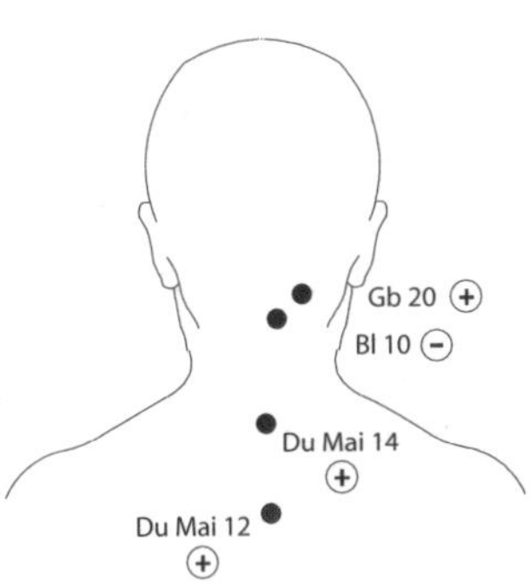

Durchfall

Unser Körper reagiert sehr schnell mit Durchfall, wenn wir unsere Ernährung ändern. So kann ein Besuch in einem exotischen Restaurant am anderen Tag diese Reaktion auslösen, weil der Magen und der Dünndarm mit den neuen, unbekannten Gewürzen und Zutaten seine liebe Mühe hat. Im Urlaub erleben wir nicht nur eine andere Küche, sondern normalerweise noch eine klimatische Veränderung. Der gesamte Organismus braucht seine Zeit, sich umzustellen und ein bis zwei Tage leichter Durchfall ist eine fast normale Reaktion. Eine richtige Durchfallerkrankung wird jedoch meist durch Bakterien und Viren ausgelöst. Die bekanntesten sind Kolibakterien, Staphylokokken und Salmonellen. Durchfallerreger befinden sich sowohl in den Nahrungsmitteln als auch im Wasser und können teilweise direkt von Mensch zu Mensch übertragen werden. Bei Durchfall ist es sehr wichtig, viel zu trinken, weil der Körper viel Wasser und viele Mineralstoffe verliert.

Sich vor Angst fast in die Hose machen

Wenn man sich ganz, ganz stark geängstigt hat, reagiert der Darm sehr oft mit einer Art „Expreßzustellung“, er möchte alles Belastende ganz schnell los werden. Sehr oft „blubbert“ es im Bauch, oder schmerzende Krämpfe künden die Durchfallreaktion an. Doch auch Angstsituationen, die erst auf uns zukommen, können die Ursache sein. Außergewöhnliche Situationen, vor denen man sich ängstigt sind beispielsweise Gerichtstermine, Besprechungen beim Chef oder Personalchef, alle Arten von „harten Auseinandersetzungen“ und natürlich auch Lampenfieber und Prüfungsängste. Je näher der Termin rückt, desto mehr drückt es im Bauch.

Viel trinken, um dem Körper das Verlorene wiederzugeben

Das Loslassen und das Festhalten

Es ist wunderbar, wenn man problemlos loslassen kann, sich nicht oder nur ganz kurz mit Problemen belastet. Doch nicht nur das Loslassen, auch das Festhalten ist ein wichtiger Bestandteil unseres Lebens. Nicht selten leiden Menschen unter leichtem, aber chronischem Durchfall, die auch im Alltag etwas „zuviel loslassen“. Die richtige Mischung von Yin und Yang, die innere Harmonie bedingt auch, für gewisse Dinge zu kämpfen, sich seinen Teil zuzugestehen und nicht nur der geistigen, sondern auch der materiellen Seite gegenüber offen zu sein.

Tip: Wer unter Durchfall leidet, muß auf jeden Fall viel Flüssigkeit zu sich nehmen. Gesüßter Tee, kohlensäurehaltige Getränke und Fruchtsäfte helfen dem Körper, die verlorengegangenen Mineralsalze wieder und vor allem besser aufzunehmen und das Kalium, das in großen Mengen abtransportiert worden ist, zu ersetzen.

Wo der Körper leidet

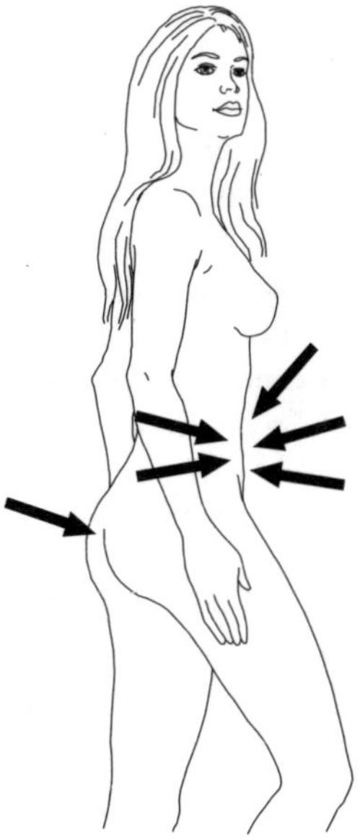

So können Sie Ihre Beschwerden lindern

Durchfall und Verstopfung haben beide die gleichen Therapiepunkte: Di 4, Mi 15 und Ma 25 (unteres Kästchen, obere Reihe) Man kann das mit einer Quelle vergleichen, aus der 2 Bächlein strömen. Bei Durchfall springt das Wasser schnell und heftig über die steile Klippe und bei Verstopfung ist das Gelände so flach, daß es fast nicht am Ziel ankommt.

Im unteren Kästchen, untere Reihe, finden Sie zwei spezielle Punkte, um der „Durchfall-Klippe" Gefälle und Aktivität zu nehmen und die Überenergie wieder ins Lot zu bringen.

Der Schmuck-Punkt

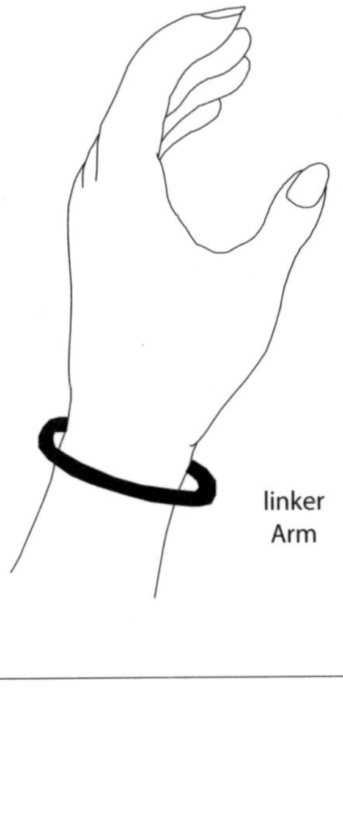

Die Therapie-/Akupressur-Punkte

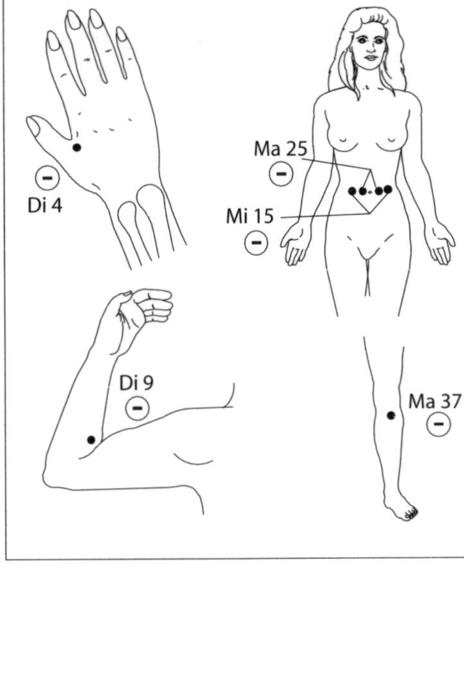

Erkältungen

Erkältungen sind in unseren Breitengraden etwas völlig Normales und üblicherweise haben sie einen ziemlich harmlosen Charakter. Die zwei Hauptursachen für Erkältungen sind das naßkalte Wetter (durchnäßte Schuhe) sowie die Ansteckung durch Menschen, mit denen wir eine gewisse Nähe teilen. Erkältungen sind „Tröpfchen-Infektionen", die durch Niesen und das Einatmen übertragen werden können. Bei Erkältungen erkranken wir im Hals-Rachenbereich sowie an den Schleimhäuten der Nasenhöhlen. Mittelohrentzündungen und ähnliche ernste Erkrankungen gehören auf jeden Fall in die Hände eines Mediziners. Wenn das eigene Immunsystem geschwächt ist, sei es durch Streß, Überbelastung oder eine vorhergehende Krankheit, so sind wir ideale Opfer für Erkältungsbazillen.

Streß, Überbelastung oder eine vorhergehende Krankheit machen uns zum idealen Erkältungsopfer

Die Nase von einer Situation voll haben

Es gibt immer wieder Momente im Leben, wo man „die Nase von einer Situation so richtig voll hat". Da sich in den wenigsten Fällen eine negative Situation von alleine zum Besseren verändert, bleibt alles so lange beim alten, bis man selbst die Initiative ergreift und etwas zur Veränderung unternimmt oder jemand anders die Situation verändert.

Wer diesen Ausspruch „ich habe die Nase so richtig voll ..." bei Gesprächen mit Freunden und Bekannten des öfteren benützt, weil die aktuelle Situation wirklich nicht mehr zum Lachen ist, kann eigentlich davon ausgehen, daß alle klassischen Akupressur-Punkte, die bei Erkältungen reagieren, extrem stark sensibilisiert sind, sodaß sie unter Druck ziemlich schmerzen.

Bei einer „normalen" Erkältung empfiehlt es sich, den Magnetarmreif am linken Handgelenk zu tragen. Wer erkältet ist, kann sicherlich etwas unterstützende Kraft für sich selbst gebrauchen. Wer die Nase von einer Situation voll hat, muß normalerweise den ersten Schritt machen, um die Angelegenheit zu bereinigen. Da meistens schon alles, von viel Geduld bis Hoffnung und Zuversicht vergebens probiert worden ist, braucht es nun Kraft, den wirklich bewegenden Schritt zu unternehmen. Der Weg zum Du führt über den rechten Arm, wenn nötig mit einem Armreif oder Armband, das mehr als zwei Magnete aufweist.

Tip: Unterstützen Sie Ihr Wohlbefinden durch die Ernährung. Was besonders hilft, ist Vitamin C (Sanddorn), kaltgepreßter Aloe-Saft und Manuka-Honig als „Doppelpack" und unter Umständen Salz (Bouillons). Rohkost und Fruchtsäfte helfen unterstützend.

Wo der Körper leidet

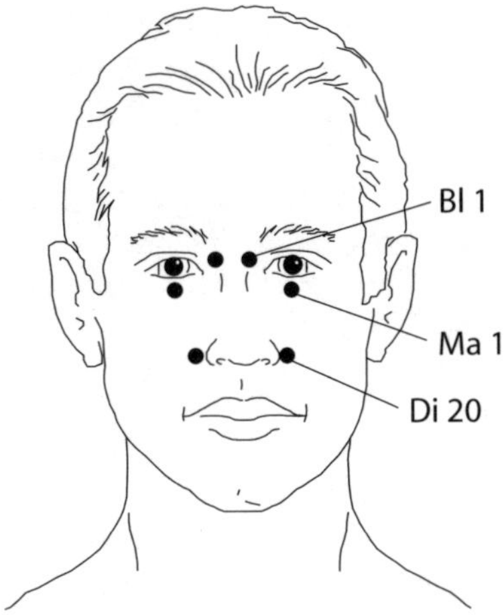

So können Sie Ihre Beschwerden lindern

Massieren Sie die Punkte neben den Nasenflügeln. Sind die Augen in Mitleidenschaft gezogen, können Sie die Punkte Bl 1 und Ma 1 ebenfalls sanft stimulieren.

Ganz hervorragende Dienste vollbringt das Magnetarmband, wenn sich die Magnete auf der Außenseite des Armes befinden. Der Punkt Lu 7 kann jederzeit auch vorbeugend stimuliert werden, er zählt zu den ganz wichtigen.

Eine zentrale Rolle spielt hier auch der Punkt Du Mai 14. Allerdings brauchen Sie Hilfe von einer anderen Person, um den Punkt zu aktivieren. Ein Magnetpflaster ist eine ideale Alternative.

Der Schmuck-Punkt

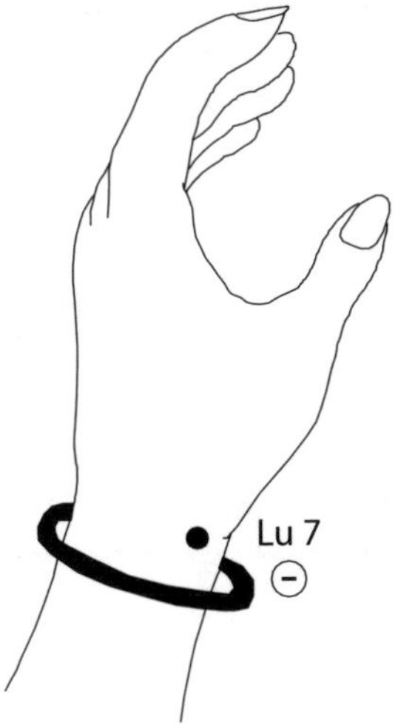

Die Therapie-/Akupressur-Punkte

Du Mai 14 ⊕ Lu 7 ⊖ Di 11 ⊖

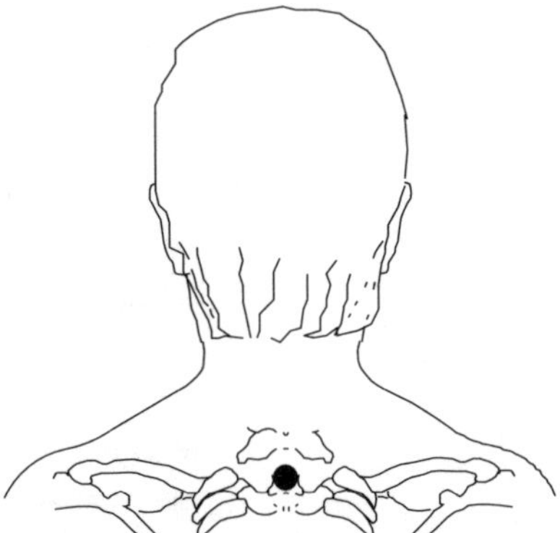

Gallenblasen-Störungen

Die Galle wird in der Leber gebildet, unserem wichtigsten Stoffwechselorgan. Die Galle fließt anschließend in die Gallenblase, wo sie eingedickt wird. Damit unser Körper überhaupt in der Lage ist, Fette zu verdauen und fettlösliche Vitamine aufzunehmen, braucht er die Hilfe von einem „schweren Geschütz", der Galle.

Nur mit der Galle ist unser Körper in der Lage, Fette und fettlösliche Vitamine zu verwerten

Entzündungen in der Gallenblase, Stoffwechselstörungen in der Leber, Bauchfellentzündungen und Entzündungen der Bauchspeicheldrüse können zu den weit verbreiteten Gallensteinen führen. Solange die Steine noch die Größe von Sandkörnern haben, wird der Körper meist allein damit fertig, doch wenn Sie Koliken und Krämpfe im rechten Oberbauch verspüren, sollten Sie unbedingt schnellstens zum Fachmann.

Wenn die Galle hoch kommt ...

dann hat man sich vorher kräftig geärgert und gibt sich meistens ziemlich „giftig". Natürlich hat jeder von uns Momente, in denen er „Gift und Galle speit" und sich wie die „böse Hexe aus Schneewittchen" benimmt. Jedem Menschen werden die kleinen „emotionalen Ausraster" verziehen, sofern sie nur in ganz seltenen Dosen und vor allem nicht regelmäßig vorkommen. Doch wenn diese einzelnen Momente zur Lebensform werden, dann beginnen die effektiven Probleme mit den Mitmenschen. So wie der Gallensaft die schwerverdaulichen Fette zersetzt, genauso zersetzen und zerstören die giftigen verbalen Angriffe den fruchtbaren Boden einer jeden Freundschaft. Wenn einmal durch ein böses Wort eine Verständigung unterbrochen wird, so kann das wieder gekittet werden. Wird allerdings durch „Gift und Galle" die Verständigung nicht nur unterbrochen, sondern zersetzt und zerstört, so ist die Freundschaft für immer kaputt.

Tip: Wie die Galle zeigt, haben selbst zerstörerische Kräfte ihre guten Seiten, aber nur, wenn sie ganz zielgerichtet eingesetzt werden. Bevor Sie sich an Ihrem Partner auslassen, ist es sicherlich sinnvoller, den Staub, das Unkraut, den Müll im Keller mit einer großen Aufräum- und Putzaktion zu zerstören.

Wo der Körper leidet

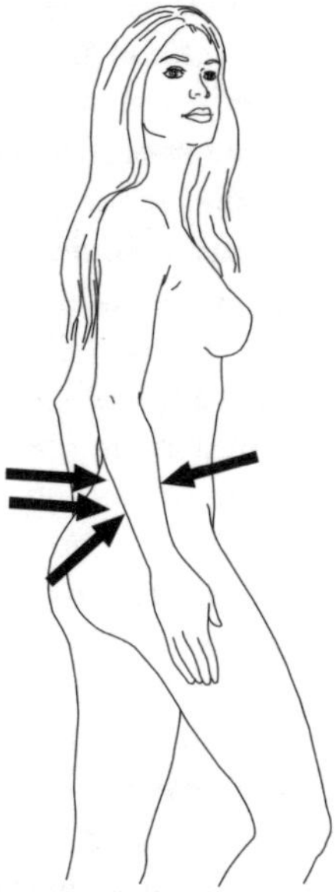

So können Sie Ihre Beschwerden lindern

Gleich mehrfach sind die Punkte auf dem Gallenblasen-Meridian angegeben und dazu kommen noch 3 Sonderpunkte. Bei Störungen der Gallenblase hat der Körper eine massive Überenergie produziert, die nach schneller Beruhigung bittet.

Das Massieren der Gallenblasen-Meridianpunkte kann ziemlich schmerzhaft sein, was Sie allerdings nicht davon abhalten sollte, es zu tun. Bereits nach ein paar wenigen Anwendungen tritt normalerweise Linderung ein. Nord-Magnete eignen sich hervorragend.

Der Schmuck-Punkt

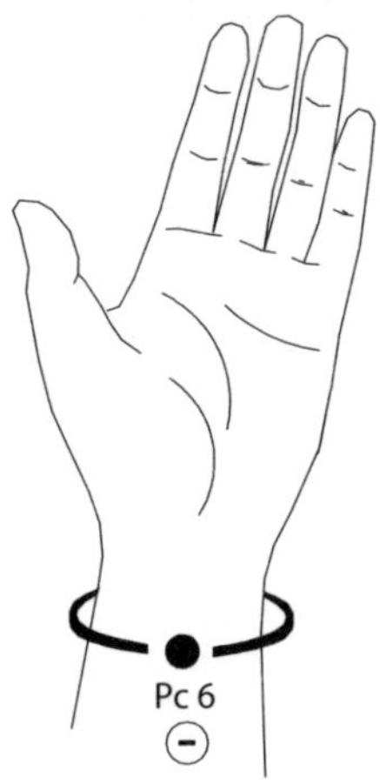

Die Therapie-/Akupressur-Punkte

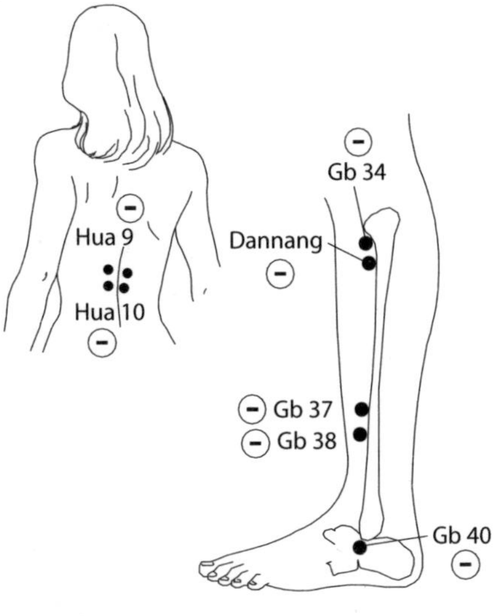

Glieder- und Gelenkschmerzen – Arme

Wer einen Umzug hinter sich hat, weiß nachher zwar oft nicht mehr, was in welcher Kiste untergebracht ist, dafür umso besser, wo sich die einzelnen Muskeln befinden. Vor allem im Arm-, Bein- und Rükkenbereich machen sich schmerzhaft die überanstrengten Körperbereiche deutlich. Auch die Gelenke, die Sehnen und die Bänder können sich durch ein Mehr an Belastung entzünden. Die Arme und Hände werden bei handwerklichen Tätigkeiten und bei vielen Sportarten überdurchschnittlich gefordert, ebenso beim Arbeiten am Computer, beim Nähen und beim Stricken. Viele Menschen überlasten regelmäßig aus beruflichen Gründen eine bestimmte Muskelgruppe, gewisse Gelenke und Sehnen. Bei einer schwachen Konstitution dieser Körperteile kann eine Art „chronische Entzündung" auftreten, die dann über Jahre hinweg zu einem lästigen Begleiter wird.

Treten Sie langsamer, bevor es zu einer chronischen Entzündung kommt

Wo eine „verkrümmte Haltung" über lange Zeit die Arme oder Hände belastet hat, ist eine einfache Dehnung bereits die passende Linderung. (Finger nach dem Schreiben am Computer richtig lang ausstrecken). Oftmals empfiehlt sich auch das Ruhigstellen gewisser Gelenke als gute Hilfe, vor allem dann, wenn es der Kopf nicht zuläßt, etwas kürzer zu treten. Massagen und Entspannungsbäder helfen zudem sehr. Gelenkschmerzen sind oft eine Kombination aus Überanstrengung, monotonen Bewegungen, überbeanspruchter Muskulatur und oftmals falscher Körperhaltung. Magnete, Magnetschmuck (am anderen Arm getragen) und Akupressur können eine enorme Linderung herbeiführen.

Der Schmuck-Punkt

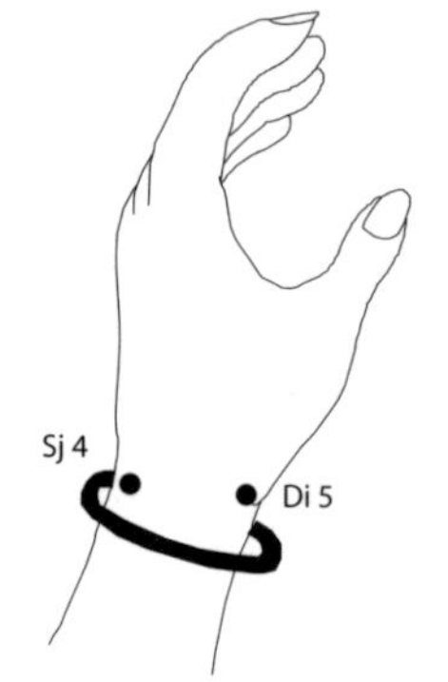

Die Therapie-/ Akupressur-Punkte

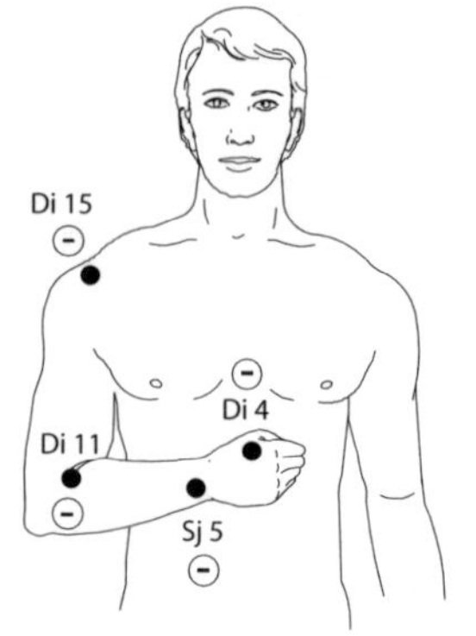

Glieder- und Gelenkschmerzen – Beine

Treppensteigen, Radfahren, Wandern und viele Laufsportarten lösen ziemlich üppige Reaktionen im Beinbereich in Form von Muskelkater aus. Bei langem Stehen werden die Knöchel und die Kniegelenke übermäßig belastet, das gleiche gilt für das Tragen von Schuhen mit hohen Absätzen. Das Problematische an Schmerzen im Muskulatur- und Gelenkbereich in den Beinen ist der automatische Versuch, die Schmerzen durch eine Änderung der Haltung abzufangen. Schmerzt das rechte Knie, wird das Gewicht auf die linke Seite verlagert wodurch sich ein Druck auf die linke Hüfte ergibt und die Wirbelsäule aus dem Gleichgewicht gebracht wird.

Wer beruflich seine Muskulatur und Gelenke im Beinbereich übermäßig belastet und dabei Schmerzen empfindet, darf ungeniert auf alle unterstützenden Hilfsmittel zurückgreifen. Verkäuferinnen und Personen, die lange stehen müssen, können sich mit Stützstrümpfen zumindest im Bereich des Blutkreislaufs etwas Linderung verschaffen. Männer, die in Berufen arbeiten, wo sie oft länger auf den Knien sitzen (Plattenleger etc.) sollten sich auf jeden Fall Kniekissen umbinden, damit der Druck auf die Kniescheibe nicht so hart ausfällt. Ein weiterer wichtiger Faktor ist das passende Schuhwerk, das am besten noch mit einem stützenden Schaft ausgerüstet ist.

Nutzen Sie, gerade wenn die hohe Belastung im Beruf vorkommt, alle denkbaren Mittel zur Hilfe

Normalerweise werden Knie- und Fußgelenke nur selten in die Gymnastik mit einbezogen, obwohl die Beine tagtäglich unser gesamtes Gewicht durch die Gegend tragen müssen und unser Schlüssel zur ganz persönlichen Mobilität sind.

Der Schmuck-Punkt

Die Therapie-/ Akupressur-Punkte

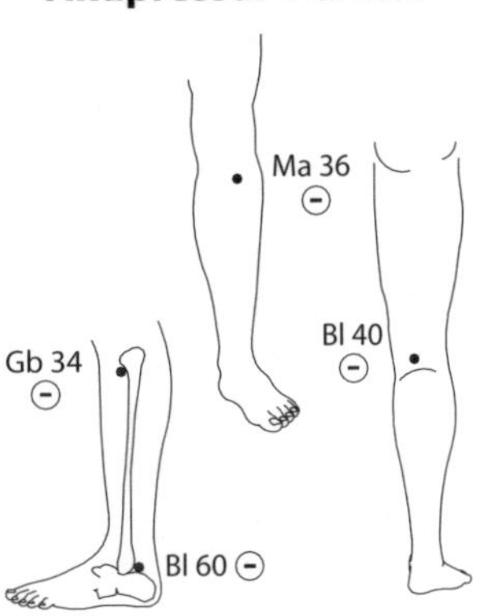

Halskrankheiten

Es gibt zahlreichen Formen von Halskrankeiten, meistens sind es Entzündungen des Rachens oder der Mandeln, aber auch Husten, Heiserkeit oder Veränderungen der Stimmbänder wie auch des Kehlkopfs. Schilddrüsenerkrankungen sind ebenfalls oft Ursache von Beschwerden im Halsbereich. Viren und Bakterien sind die beiden Hauptauslöser von Halskrankheiten und normalerweise sind nach 5–8 Tagen die Beschwerden vorbei. Wenn der Hals anschwillt oder sich auch im Stirnbereich Schmerzen bemerkbar machen, sollten Sie auf jeden Fall einen Arzt zu Rate ziehen.

Die Natur hält in Form von Pflanzen eine Menge Heilmittel bereit

Schilddrüsenerkrankungen sind in unseren Breitengraden sehr häufig, denn sie werden durch einen Jodmangel aus dem Trinkwasser ausgelöst. Das ist der Grund, wieso in den Lebensmittelgeschäften jodhaltiges Salz angeboten wird.

Der Hals ist eine elementare Verbindungsachse in unserem Körper. Die Luft, die Nahrung und die Flüssigkeit werden durch die Nase bzw. den Mund durch den Hals zum Körper geführt, wo sie dann weiter umgesetzt werden und uns am Leben erhalten. Auch die Sprache erhält erst mit den Stimmbändern ihre eigentliche Ausdruckskraft, damit wir mit der Welt verbal kommunizieren können.

Der Hals ist eine offensichtliche „Schwachstelle“ des Körpers: chronisches Hüsteln, zahlreiche Entzündungen etc. Eine Magnethalskette kann unterstützend helfen.

Einen dicken Hals haben

Wer sich so richtig geärgert hat, der zeigt oft mit einer üppigen Geste, wie dick der Hals durch diesen Ärger geworden ist. Der Ärger wird nicht hinuntergeschluckt, er bleibt im Halse stecken. Der „dikke Hals“ oder besser gesagt der Ärger blockiert damit die ganzen Verbindungsachsen der Luft, der Nahrung und der Flüssigkeit. Es ist sicherlich nicht viel besser, den Ärger einfach hinunter zu schlukken, sondern ihm „Luft zu machen“ und sich somit den Hals wieder zu befreien. Bei Schilddrüsenerkrankungen ist es möglich, daß der Patient viel Gewicht verliert, wodurch der Körper zusätzlich geschwächt wird. Suchen Sie auf jeden Fall einen neuen und für Sie passenden Weg, mit Ärger umzugehen. Es lohnt sich!

Tip: Minze und Salbei haben eine bakterienvernichtende Wirkung und sind beide als Bonbons wie auch als Tee genießbar. Eine ganz spezielle Heilpflanze ist der Spitzwegerich, denn sein besonderer Geschmack und vor allem seine lang anhaltende Wirkung läßt den Ärger über Stunden nicht sauer, sondern süß aufstoßen. Dank einer neuen Perspektive erscheint alles in einem anderen Licht.

Wo der Körper leidet

So können Sie Ihre Beschwerden lindern

Die Luft- und die Speiseröhre, die unseren Körper mit lebensnotwendigen Substanzen versorgen, führen durch unseren Hals zum Körper.

Beide Meridiane brauchen daher Ihre aktive Unterstützung, damit diese wichtigen Transportbahnen nicht blockiert werden. Massieren Sie sich die Punkte Ma6 und Lu1 mehrmals täglich.

Um die Drüsen Hypothalamus und die Hypophyse zu stimulieren, empfiehlt sich der Punkt Du Mai 16, den Sie allerdings nur sanft massieren dürfen.

Wenn Sie die Luftröhre verstärkt stimulieren möchten, hilft Ihnen ein Magnetarmband. Wenn Sie vorwiegend die Speiseröhre begünstigen möchten, so unterstützt Sie eine Halskette mit Magneten.

Der Schmuck-Punkt

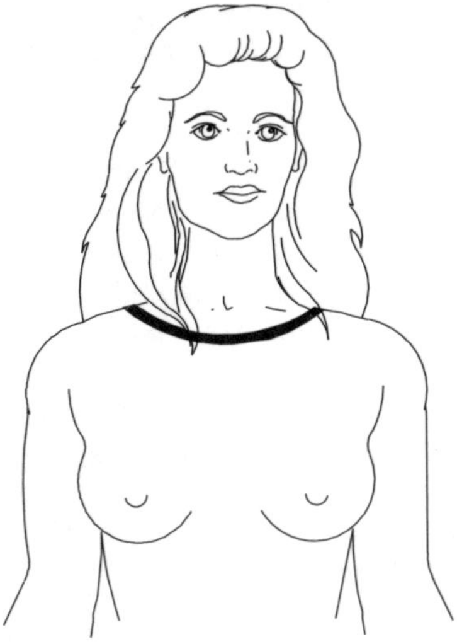

Die Therapie-/Akupressur-Punkte

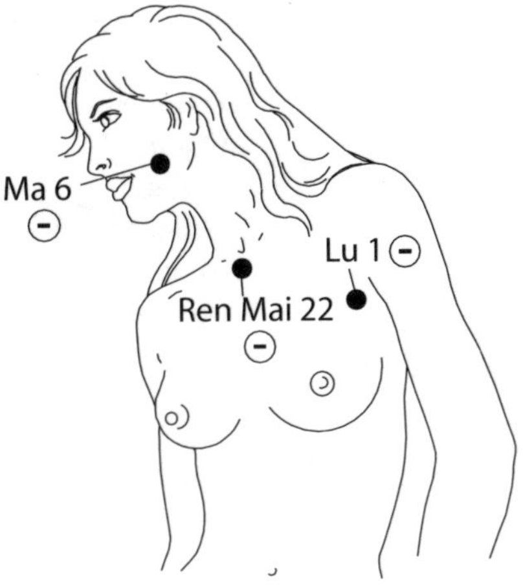

Herzbeschwerden

Seien Sie vernünftig, und gehen Sie regelmäßig zur Vorsorge-untersuchung

Das Herz ist der Motor unseres Lebens und Herzbeschwerden sind immer ernst zu nehmen. Je früher Sie damit zum Arzt gehen, um so besser (und vor allem einfacher) kann die moderne Medizin das Risiko von Herzinfarkt und Schlaganfall diagnostizieren. Doch Jahr für Jahr sterben so viele Menschen an einer dieser beiden Krankheiten. Viele Männer pflegen den Motor ihres Autos besser und vor allem regelmäßiger als ihr Herz, und die Frauen sorgen sich in erster Linie um alle anderen, als um sich selbst. Nicht jeder erhält die Chance, dem Tod von der Klinge zu springen, daher möchte ich allen mit Nachdruck gerade bei diesem Thema „ans Herz legen", die jährliche Totaluntersuchung, die vielleicht schon ein ganzes Weilchen zurückliegt, wieder regelmäßig einzuführen. Dieses Verhalten hat nichts mit Hypochonder oder übermäßigen Unsicherheitsgefühlen zu tun, sondern ist ganz einfach nur vernünftig.

Sich etwas zu Herzen nehmen

Wenn uns eine Aussage, eine Bemerkung ganz tief im Innersten trifft, so nehmen wir sie in unseren Mittelpunkt, in unser Herz. Wenn uns der Arzt sagt, daß wir das Rauchen und den vielen Streß bei Gelegenheit reduzieren sollten, da ansonsten irgendwann ein Herzinfarkt möglich sei, so plätschert dieser Ratschlag meist wie eine seichte Empfehlung ab. Wenn sich aber der Arzt mit absolutem Nachdruck äußert, daß uns nur noch ein paar wenige Monate bleiben, wenn wir nicht umgehend Streß und Nikotin in den Griff kriegen, dann nehmen sicherlich 90 Prozent der Menschen die Aussage zu Herzen und reagieren.

Was immer wir uns zu Herzen nehmen, es hat auf unserer ganz persönlichen Prioritätenliste einen ganz hohen Stellenwert und ist auf jeden Fall mit ganz, ganz viel Emotionen verbunden. Verstärktes Herzklopfen ist daher eine fast normale Begleiterscheinung.

Allerdings kann ein trainiertes Herz besser und schneller reagieren und daher ist jedes Training, das den Kreislauf etwas in Gang bringt, wie eine prophylaktische Therapie in gesunden Tagen.

Wenn Sie bereits unter Herzproblemen leiden, so empfehle ich persönlich, Magnete und Magnetschmuck als aufbauende Hilfsmittel einzusetzen, also etwa 1/2 Stunde täglich, wie Sie es auch bei unterstützendem Sport handhaben: Nicht zu viel, dafür regelmäßig. Eine Magnet-Krawattennadel unterstützt sehr zielgerichtet, während ein Magnetarmband auch den Meister-des-Herzens-Meridian stimuliert.

> Tip: Spinat, Sojabohnen, Tomaten und Karotten, Fisch, Zwiebeln, Pflanzenöle, Hülsenfrüchte, Grüntee oder auch ein Glas Rotwein, all diese Lebensmittel stehen im Dienste des Herzens. Weitere Info siehe Bluthochdruck.

Wo der Körper leidet

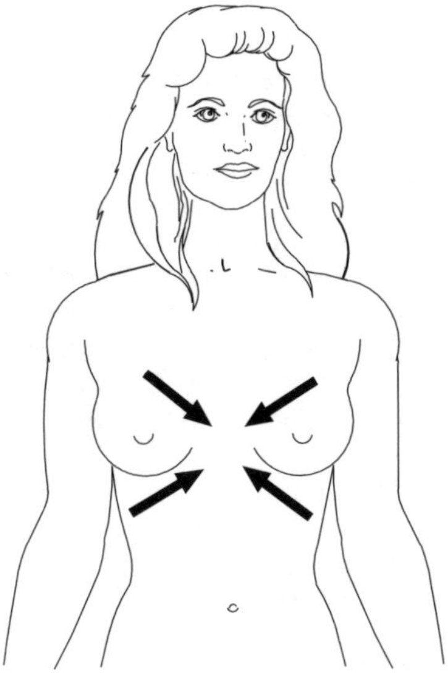

So können Sie Ihre Beschwerden lindern

Herzbeschwerden sind eine ernsthafte Angelegenheit. Hier empfiehlt es sich, mit einem Therapeuten zusammen die Meridiane „abzuchecken", denn oftmals sind hier mehrere Meridianpunkte unterstützungsbedürftig.

Wenn Sie sich sehr viel zu Herzen nehmen, können Sie mit einem Magnetarmband am rechten Arm viel Gutes tun. Für Männer sind Krawattennadeln mit Magneten ein sehr diskretes Hilfsmittel. Der spezielle Nebeneffekt, daß der Magnet gleichzeitig auf einen der beiden Haupt- Streßpunkte wirkt, ist sicherlich nicht zu verachten.

Der Schmuck-Punkt

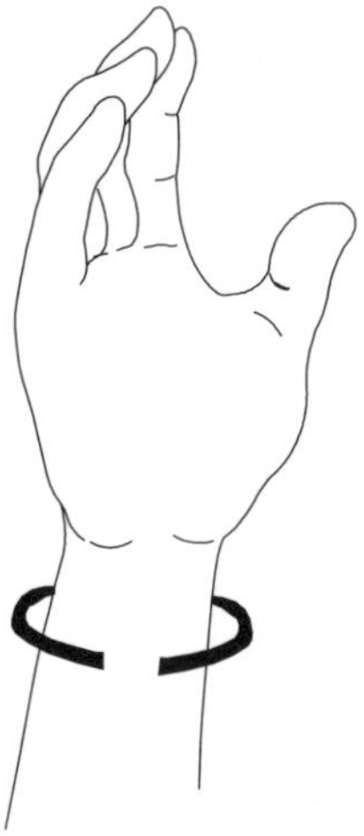

Die Therapie-/Akupressur-Punkte

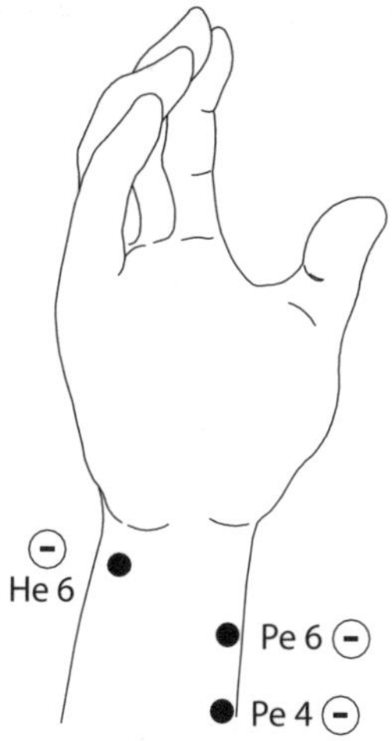

Kopfschmerzen – Behandlungsmöglichkeit 1

Wo der Körper leidet

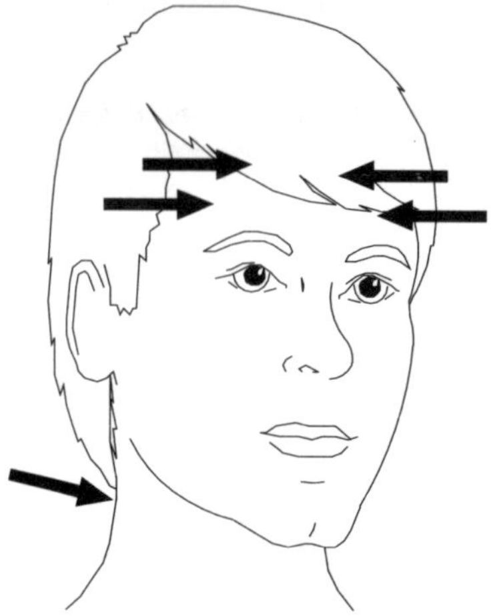

So können Sie Ihre Beschwerden lindern

Es gibt unzählige Formen von Kopfschmerzen. Dabei ist nur eines sicher, daß keine Form angenehm ist. Sie finden auf diesen beiden Seiten zwei komplett verschiedene Möglichkeiten, die Kopfschmerzen zu lindern.

Für die Massage werden Zeigefinger und Mittelfinger zusammen auf die Punkte gelegt, um eine kühlende Wirkung zu erlangen.

Es sind die gleichen Behandlungspunkte wie bei der Wetterfühligkeit, es wird also das vegetative Nervensystem angesprochen.

Zusätzlich ist der Punkt Du Mai 16, der sich beim Haaransatz am Ende der Wirbelsäule befindet, ein ganz wichtiger Behandlungspunkt bei vielen Erscheinungsformen von Kopfschmerzen.

Bei Kopfschmerzen kann der Magnetschmuck nur vorbeugende Wirkung erzielen und bei Stirnkopfschmerzen empfiehlt sich ein Armband, das den Punkt Lu 7 regelmäßig stimuliert.

Der Schmuck-Punkt

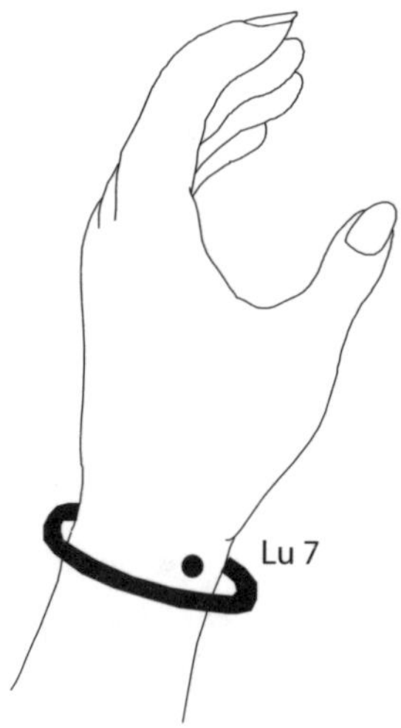

Die Therapie-/Akupressur-Punkte

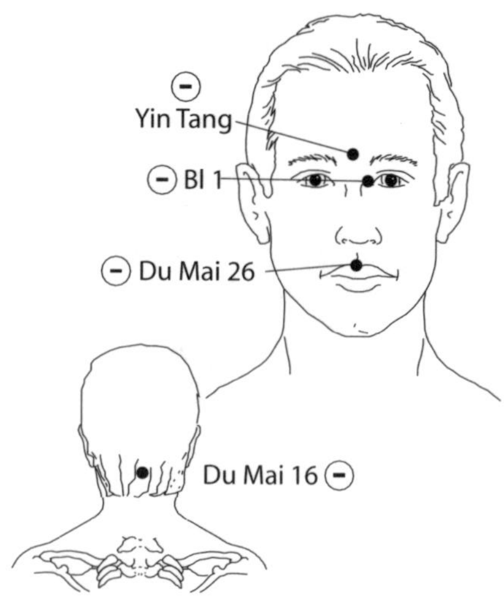

Kopfschmerzen – Behandlungsmöglichkeit 2

Wo der Körper leidet

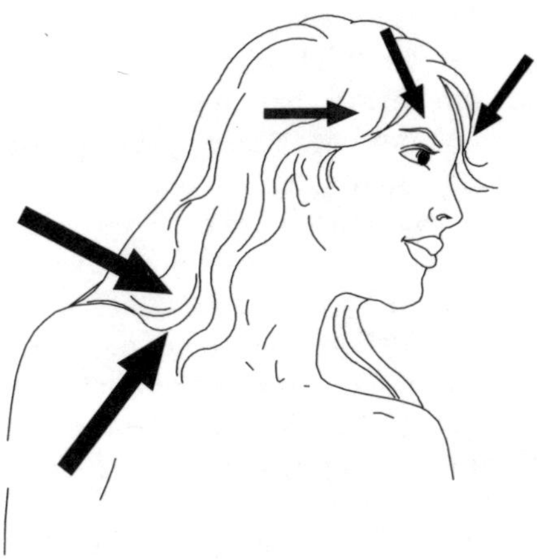

So können Sie Ihre Beschwerden lindern

Der Sonderpunkt Tai Yang, der sich etwa 2,5 cm neben dem äußeren Augenwinkel befindet, wird mit Zeige- und Mittelfinger massiert. Diese Fingerkombination hat eine kühlende Wirkung.

Weitere Punkte sind Gb 20 und Du Mai 20, die Sie mit der gleichen Fingerkombination massieren.

Magnetpflaster eigenen sich wegen der Haare nur beim Sonderpunkt Tai Yang. Eine Magnetkette hilft vor allem präventiv, die Kopfschmerzen (falls Sie regelmäßig darunter leiden) werden auf ein „erträgliches Maß" gemindert.

Der Schmuck-Punkt

Die Therapie-/Akupressur-Punkte

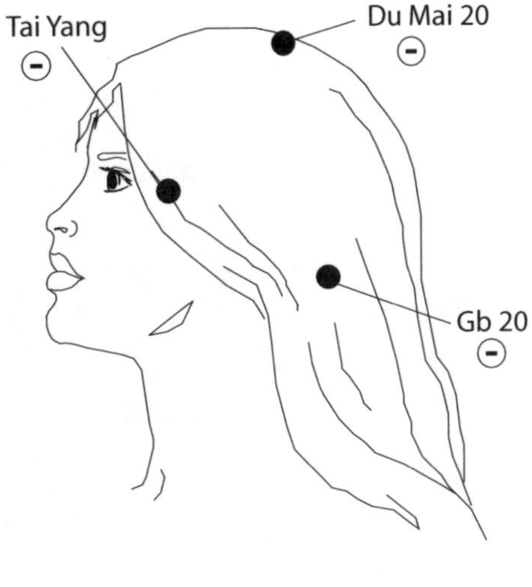

Leberbeschwerden

Die Leber ist unsere ganz persönliche „chemische Fabrik" oder „Hexenküche", sie ist unser wichtigstes Stoffwechselorgan. In der Leber wird das Blut, das sich mit allen möglichen Nährstoffen vollgesogen hat, überprüft. Fremdkörper, Gifte und Schadstoffe werden erkannt und in der Leber vernichtet. Wenn die Leber entzündet ist, entsteht sehr oft Hepatitis, die, wenn sie frühzeitig erkannt wird, kein medizinisches Schreckgespenst mehr ist. Hepatitis ist allerdings sehr ansteckend, sodaß die Möglichkeit, gerade die Menschen zu infizieren, die man am liebsten hat, besonders groß ist.

Wenn sich Ihre Haut und das Weiße in den Augen gelblich verfärbt, ist ein Gang zum Arzt umgehend notwendig, vor allem, wenn eine Grippe vorhergegangen ist. Ein ganz anderes Leberthema ist die Leberzirrhose, und ihre Ursachen sind meist beim übermäßigen Alkoholkonsum zu finden. Mehr dazu im Thema Sucht: Alkohol.

Bremsen Sie sich mit Alkohol und fettem Essen

Die Leber hat die seltene Gabe, daß sie sich selber regenerieren kann, aber natürlich nur, wenn sie nicht in Alkohol ertränkt wird oder unter schwerem Essen zusammenbricht. So stark die Leber auch ist, ohne unsere Mitverantwortung geht auch sie zugrunde.

Wenn einem eine Laus über die Leber gekrochen ist

Wenn jemand ein Gesicht wie sieben Tage Regenwetter macht, dann ist irgendwo ein Frust, der nicht abgebaut werden kann. Vor allem Kinder haben die wunderbare Gabe, in ihren frustrierten Gesichtchen alle lesen zu lassen, daß ihnen eine Laus über die Leber gekrochen ist. Sobald ein anderer Mensch dann die Geschichte und den Grund einfach nur hören will und sich liebevoll zu einem setzt, passiert etwas ganz eigenartig Schönes: Es ist die „chemische Fabrik" des Helfers, die den Frust „zertrümmert", in Form von aufbauenden Worten, von Streicheleinheiten, von Liebe und Wärme.

Wenn sich zwei Menschen mögen, sagen wir im Volksmund, daß die Chemie stimmt. Und gerade diese Chemie hat eine unsichtbare Verbindung, die bei Niedergeschlagenheit, Trauer und Frust dem anderen wieder Kraft, Wärme und Zuversicht überbringen kann.

Tip: Unsere Leber können wir durch Training oder Sport nicht verbessern oder stärken. Allerdings helfen wir ihr, wenn wir sie nicht mit Alkohol zuschütten. 2 dl Wein oder die doppelte Menge an Bier wird medizinisch als gute Grenze betrachtet. In der Natur finden wir hilfreiche Heilpflanzen, so die Mariendistel oder die Artischocke.

Wo der Körper leidet

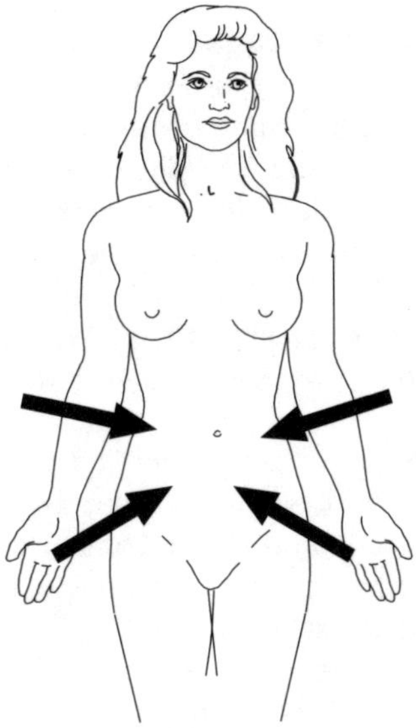

So können Sie Ihre Beschwerden lindern

Obwohl die Leber die besondere Gabe hat, sich immer wieder selber regenerieren zu können, braucht sie manchmal etwas gezielte Unterstützung.

Wie auch schon bei anderen, komplexen Aktivierungsprozessen, werden auch bei Leberbeschwerden vier verschiedene Meridiane stimuliert und zudem einer der Sonderpunkte aktiviert.

Bei Leberbeschwerden werden nur Plus-Pol-Magnete verwendet oder auch Schmuck, um eine allgemeine Stimulation zu bewirken.

Der Schmuck-Punkt

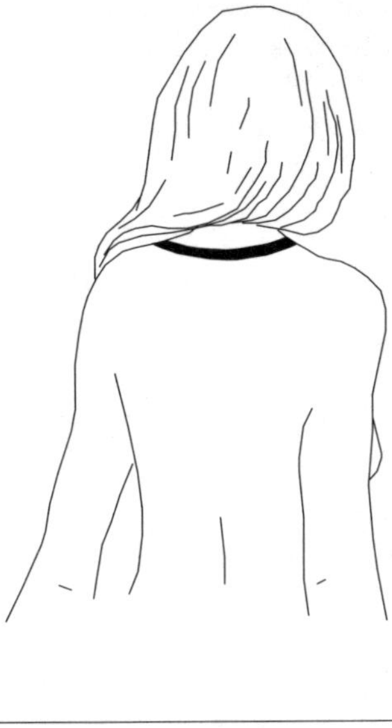

Die Therapie-/Akupressur-Punkte

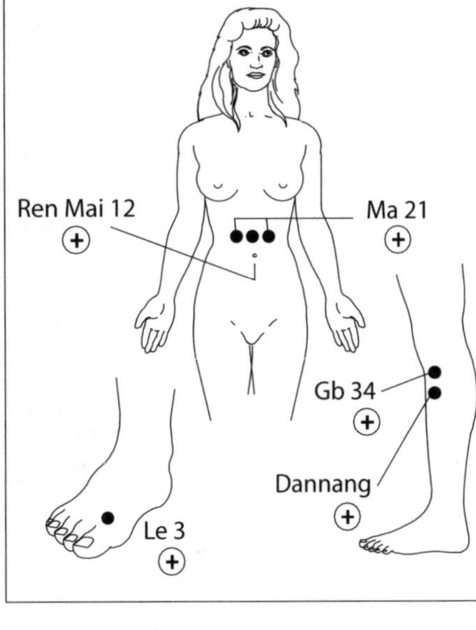

Menstruationsbeschwerden

Die Tage vor den Tagen

Versuchen Sie Diskussionen zu vermeiden, da Sie vielleicht nicht fair und sachlich sein würden

Nicht selten kündigt sich die monatliche Blutung bereits schon ein paar Tage früher an, und zwar durch eine etwas verschlechterte Allgemeinstimmung. Gleichzeitig kann sich der gesamte Unterbauch ziemlich hart aufblähen, sodaß ein sehr unangenehmes Druckgefühl entsteht. Die schlechte Laune und die aufgeblähte Optik führen oft dazu, daß man sich in den Tagen vor den Tagen am liebsten abkapseln und zurückziehen würden. Da dies in den seltensten Fällen möglich ist, reagieren viele Frauen mit erhöhter Reizbarkeit und fühlen sich auch sehr schnell verletzt.

Medizinisch gesehen möchte der Körper die bereitgestellte *Zona functionalis*, in die das befruchtete Ei eingehüllt worden wäre und die nicht benötigt wird, wieder abstoßen und sich davon befreien, weil bereits eine neue produziert wird. Daher ist auch leicht verständlich, wieso sich sehr viele Frauen wie gelöst fühlen, sobald die Regelblutung eintritt. Die schlechte Stimmung ist dann meist vorbei.

Da alle Akupressurpunkte unter einem Energiemangel leiden, kann das Tragen einer Magnetkette zu soviel neuer Kraft und Energie verhelfen, daß sich die Beschwerden im Laufe der Zeit nur noch „im erträglichen Maß“ manifestieren.

Tip: Je sensibler Sie auf die Vorzeichen der Menstruation reagieren, desto weniger sollten Sie sich zu diesem Zeitpunkt auf Diskussionen und Streitgespräche einlassen. Es geht alles in den falschen Hals und depressive Verstimmungen könnten folgen.

Der Schmuck-Punkt

Die Therapie-/ Akupressur-Punkte

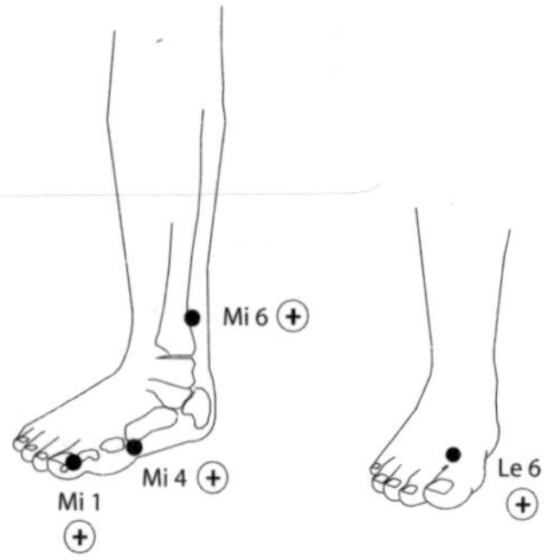

Krämpfe – Schmerzen – Starke Blutung

Rückenschmerzen, Bauchkrämpfe, fast kolikartige Schmerzschübe, das alles können Begleiter einer Blutung sein. Für viele Männer ist es kaum verständlich, daß eine Frau so völlig fertig auf dem Sofa liegt, wenn sie ihre Tage gekriegt hat. Wenn eine Blutung wirklich stark ist, verliert die Frau nicht nur das besagte Blut, sondern auch das sehr wertvolle Eisen. Somit wird der Körper gleich doppelt geschwächt und hinzu kommen sehr oft Schmerzpräparate, die ihrerseits auch noch abgebaut werden müssen.

Nicht selten können die Blutung und auch die Schmerzen so über die Pille gesteuert werden, daß sie sich auf ein erträgliches Maß reduzieren. Auf jeden Fall ist bei extremen Blutungen, bei sehr starken Schmerzen und vor allem bei unregelmäßigen Intervallen (kein geregelter Zyklus) ein Spezialist aufzusuchen. Geschlechtsorgane haben, im Gegensatz zu vielen anderen Organen, keinen verzeihenden Charakter. Liegt ein (sehr oft leicht zu behebendes) medizinisches Problem vor, das nicht behandelt wird, so kann es gut vorkommen, daß später dieser Teil einfach streikt.

Bei sehr starken Blutungen wird eine ärztliche Untersuchung unbedingt notwendig

Die Massage am Unterbauch wird während der Tage als sehr unangenehm und sogar schmerzhaft empfunden und daher sind Magnetpflaster eine ideale Alternative. Auch ein Magnetarmreif am linken Handgelenk verhilft zu neuer Kraft und stärkt den geschwächten Körper.

> Tip: Lassen Sie sich von einem Spezialisten untersuchen. Er/sie hat schließlich studiert, um das Wissen anzuwenden und um vielleicht gerade Ihnen helfen zu können. Vergessen Sie nicht, auch die Eisenwerte im Blut testen zu lassen.

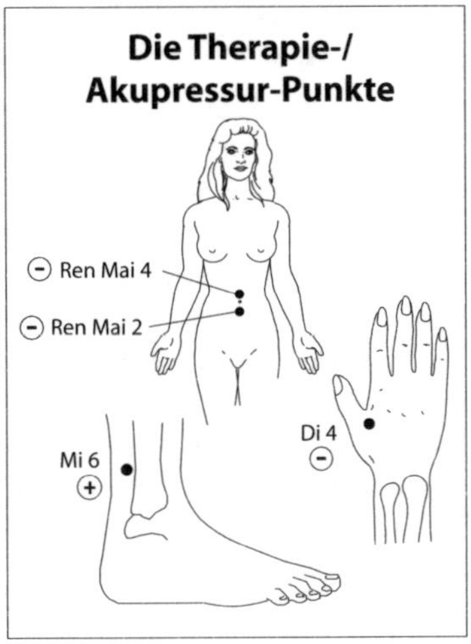

Müdigkeit

Müdigkeit kennen wir alle. Sie läßt uns die Dinge langsamer angehen und signalisiert, daß der Körper nun seinen wohlverdienten Schlaf benötigt. Die Müdigkeit hat einen ziemlich geregelten Rhythmus, jeden Abend tritt sie ungefähr zur gleichen Zeit auf – sie wird von unserer inneren Uhr gesteuert. Viele Menschen haben im Laufe des Tages kleine Erschöpfungsschübe, sogenannte „Müdigkeitskrisen“. Sie treten nach dem Mittagessen auf, wenn der Magen unsere Kräfte einsammelt, um damit die Verdauung zu aktivieren. Auch Nachmittags von 15 Uhr bis 16 Uhr ist eine typische Müdigkeitszeit. Seit ewigen Zeiten wird in England zur Tea-Time, in der Schweiz zum Zvieri und in Deutschland zum Vesper dem Körper mit einer kleinen Zwischenverpflegung wieder neue Energie zugeführt.

Müdigkeit kann jedoch auch Ausmaße annehmen, die nichts mehr mit dem normalen Lebensrhythmus zu tun haben. Die Müdigkeit wird zu einem chronischen Zustand, obwohl in der Nacht genügend geschlafen wurde. Mehr noch, auch tagsüber werden kleine Schläfchen notwendig, um wenigstens anschließend für sehr kurze Zeit wieder fit zu sein, bevor die Müdigkeit das Leben wieder bremst. Nach verschleppten grippalen Infekten kann sich der Körper die Ruhephase zurückholen, die er eigentlich benötigt hätte, doch meist liegen die Ursachen auf der seelischen Ebene.

Chronische Müdigkeit ist oft seelisch bedingt

Das Leben verschlafen – Die Augen vor dem Leben verschließen

Nach einem schlimmen Tag sieht die Welt meist ganz anders aus, wenn wir erst einmal darüber geschlafen haben. Doch wenn uns ein Problem wie ein dunkler Schatten Tag für Tag begleitet, ist es solange unser stetiger Begleiter, bis wir das Problem gelöst haben. Die eingeschobenen Schläfchen während dem Tag bringen sicherlich Erleichterung, so kann der Realität für einige Stunden entflohen werden. Doch die chronische Müdigkeit und das Energiedefizit blockieren das Leistungsvermögen und somit wird das Problem überhaupt nie gelöst. Chronische Müdigkeit ist wie ein Teufelskreis und wenn man nicht darin gefangen bleiben will, muß man fast gewaltsam daraus ausbrechen, obwohl eigentlich gar keine Energie vorhanden ist.

Tip: Chronische Müdigkeit wird sehr oft von Eisenmangel begleitet. Eisenhaltige Lebensmittel (Spinat) und Eisenpräparate können das Defizit ausgleichen. Qi-Gong-Übungen sind wahre Energiebrunnen, aus denen täglich neu getankt werden kann. Ginseng wirkt allgemein kräftigend und auch Mate-Tee hat eine anregende Wirkung

Freude, erstrebenswerte Ziele, Verantwortung, Spaß, neue Perspektiven, das alles wirkt wie ein Motor, der uns aktiv leben läßt. Wer vor Lebensfreude strotzt, möchte jede Stunde seines Lebens genießen. Lernen Sie neue Menschen kennen, mit denen Sie lachen können, ohne daß Sie gleich vorankündigen, bald wieder zu Hause sein zu müssen, weil sie dann müde würden. Machen Sie die Müdigkeit nicht noch mehr zu einem zentralen Bestandteil in Ihrem Leben – wenn Sie irgendwo einschlafen, wird Sie sicherlich irgend jemand wieder wecken.

Wo der Körper leidet

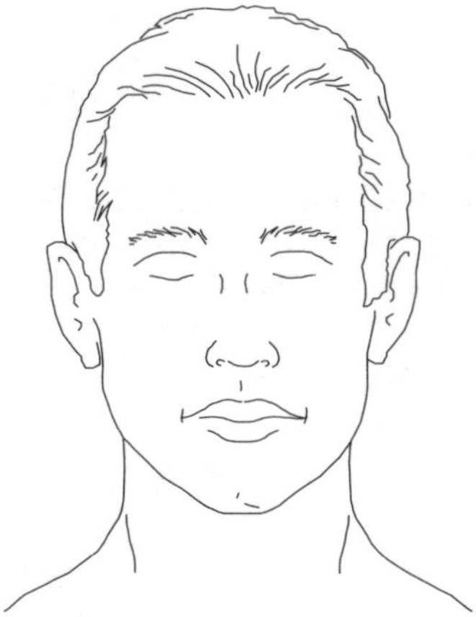

So können Sie Ihre Beschwerden lindern

In der chinesischen Medizin gibt es einen Punkt, (Du Mai 4), der den schönen Beinamen „Das Tor der Energie" erhalten hat. Er befindet sich im Kreuzbereich, etwa 3 Finger breit tiefer als sich vorne der Bauchnabel befindet.

Bei chronischer Müdigkeit dürfen Sie getrost etwas mehr Magnetschmuck tragen, aber auf jeden Fall empfiehlt sich eine Kette, die mit diversen Magnetchen bestückt ist.

Vermutlich sind diverse Meridiane auf „Sparflamme" eingestellt, so daß Sie eine Massage durch einen erfahrenen Therapeuten wie eine riesige Wohltat empfinden werden.

Der Schmuck-Punkt

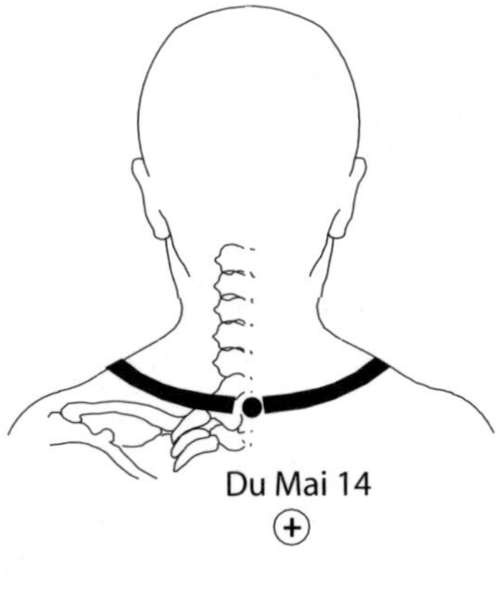

Die Therapie-/Akupressur-Punkte

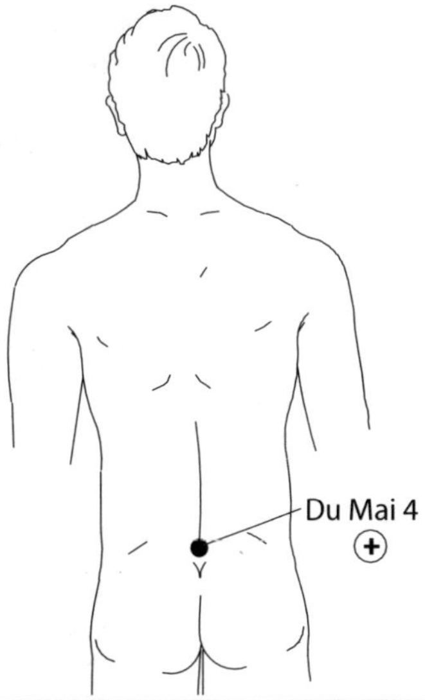

Nacken- und Schulterschmerzen

Nacken- und Schulterschmerzen sind chronische Begleiter von vielen Menschen, die im Büro arbeiten. Die sitzende Tätigkeit und die starre Haltung der Arme am Computer lassen die Muskulatur „versteifen“. Normalerweise versuchen wir, dies auszubalancieren, in dem wir uns anders (meist noch falscher) auf den Stuhl setzen, bis die acht Stunden endlich zu Ende sind.

Nacken- und Schulterschmerzen sind oft eine durch Büroarbeit hervorgerufene Zivilisationskrankheit

Wir alle wissen, daß hier eine regelmäßige Gymnastik Gold wert wäre. Aber der Weg zum Sportclub oder Fitneßcenter scheint manchmal unendlich lang zu sein und alleine zu turnen, ist nicht jedermanns Sache. Es ist oft eine Frage der Disziplin, und nach Feierabend ist der Wille nicht mehr sonderlich groß.

Eine Last auf den Schultern tragen

Wer eine Last auf den Schultern mit sich herumschleppt, hat sich normalerweise eine Last an Verantwortung aufgebürdet, die zu schwer und zu belastend ist. Nicht selten sind die Ursachen im beruflichen Bereich zu suchen. So lange die Verantwortung und das Projekt Spaß und Freude bereiten, wird keinerlei Last empfunden, aber das kann sich äußerst schnell ändern. Spaß und Freude sind weg und was bleibt ist die Belastung. Es ist sicherlich nicht einfach, in einer solchen Situation die richtige Entscheidung zu treffen. Allerdings erscheint es mir bedeutend sinnvoller, sich von einer Last zu befreien, als sie solange zu ertragen, bis man darunter zusammenbricht. Sehr oft reicht es übrigens, Freunde um etwas Hilfe und Unterstützung zu bitten. Dann ist in kürzester Zeit ein riesiger Brokken weg und ebenso das erdrückende Gefühl. Viele von uns sind riesige Einzelkämpfer, die erst kurz vor dem Zusammenbruch einen leisen Hilferuf von sich geben. Unsere Freunde würden uns oft so gerne helfen, wenn sie nur wüßten, daß ihre Hilfe auch gefragt ist.

Eine Halskette mit Magneten wirkt unterstützend im gesamten Nackenbereich. Wer eine zu große Last auf seinen Schulter trägt, stimuliert mit der Kette die beiden Eltern-Meridiane, die Herz mit Verstand verbinden und für dieses Gleichgewicht zuständig sind.

> Tip: Entspannungsbäder wirken Wunder, vor allem zu Beginn der Verspannungen. Massagen, insbesondere Akupressurmassagen, können bei Nacken- und Schulterschmerzen eine enorme Linderung bringen. Wer mehr als 50 Stunden die Woche arbeitet, sowie fast alle selbständig Erwerbstätigen, sollte sich mindestens zweimal pro Monat eine solche Massage gönnen.

Wo der Körper leidet

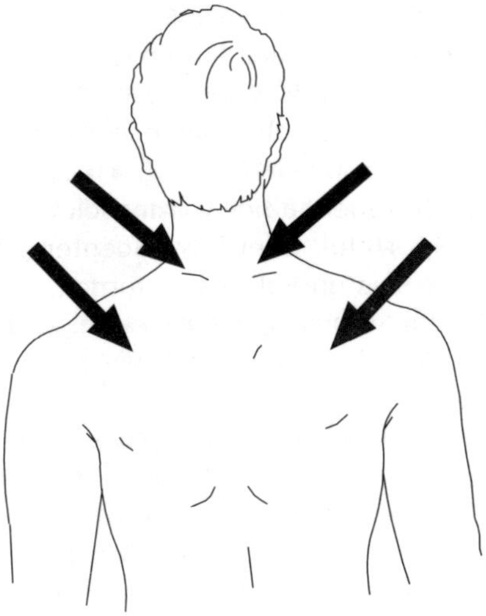

So können Sie Ihre Beschwerden lindern

Die Therapiepunkte liegen sowohl auf dem Dickdarm- wie auf dem Dünndarm-Meridian. Da nun also der Darm unser Problem ausbalanciert, sollte der Darm mit einer leichten und wertvollen Nahrung unterstützt und bewußt langsam gegessen und gut gekaut werden.

Idealerweise ist hier eine zweite Person behilflich. Da alle Punkte im Bereich des Erreichbaren sind, können jedoch die Magnetpflaster gut alleine angebracht werden.

Für den Schmuck können Sie ein Armband verwenden und die Magnete nach oben drehen, oder Sie tragen eine Magnetkette, die den gesamten Nacken-Schulterbereich stimuliert (inkl. Du Mai 14).

Der Schmuck-Punkt

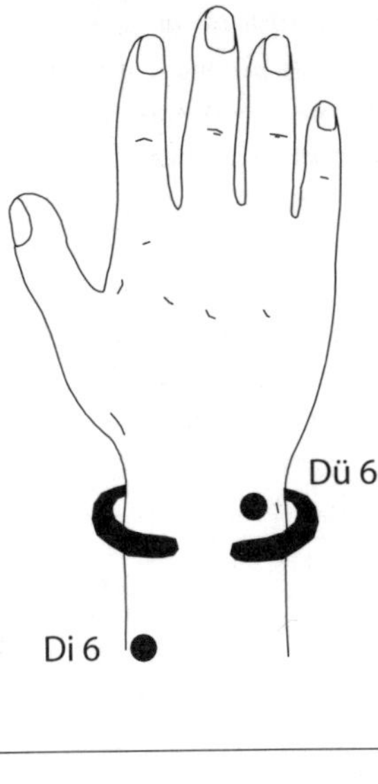

Die Therapie-/Akupressur-Punkte

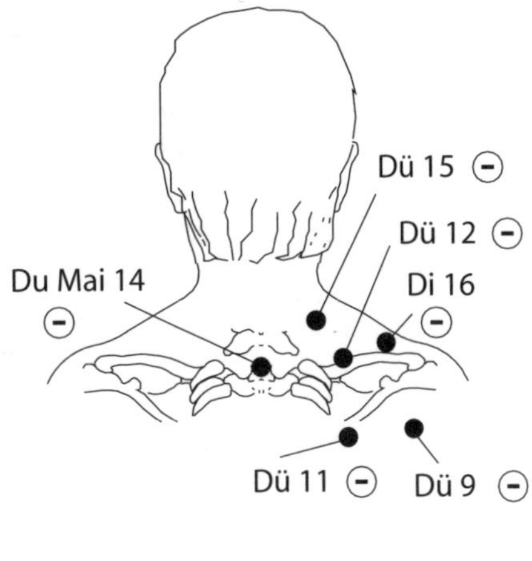

Nervosität

Nervosität ist eine Reizüberflutung im Hormon- oder Nervensystem

Unser Körper besitzt zwei große Informationssysteme, das Hormonsystem und das Nervensystem. Wenn nun eines dieser Informationssysteme so stark mit Reizen überflutet wird, daß es „in den roten Bereich kommt", dann reagieren wir normalerweise mit einer inneren Unruhe, einer inneren Nervosität. Dauert dieser Zustand längere Zeit an, dann entwickelt er sich zu Streß. (Siehe separates Kapitel: Streß). Nervosität könnte man als eine Reizüberflutung bezeichnen, bei der „die Nerven und die Hormone kurzfristig unter Streß stehen".

Tip: Der wohl beste Ausgleich bei innerer Unruhe ist, den Gegenpol, die Ruhe, zu suchen, um das Gleichgewicht von Yin und Yang wieder herzustellen. Entspannende Musik, ein Spaziergang am Abend, Atemübungen, entspannende Gymnastik, leichtes Essen, beruhigende Tees (siehe auch Kapitel Angst) oder ein (aber wirklich nur eines) Gläschen Rotwein sind weitere Helfer

Innere Unruhe zeigen viele Menschen, indem sie unruhig auf dem Stuhl hin und her rutschen, mit den Fingern auf den Tisch trommeln, mit den Füßen wippen, bis die ganze Umgebung durch das nervöse Treiben angesteckt ist. Genauso wie die Ruhe von einem Menschen zu anderen überfließt, greift auch die Nervosität auf andere Menschen über. Vor größeren Ereignissen (Ferien, Hochzeiten, Auftritten, großen Einkäufen wie Autos und Möbel etc.) sind viele Menschen „wie von der Tarantel gestochen", stiefeln ziellos in den Zimmern auf und ab oder hetzen von einem Raum in den anderen, ohne dabei etwas anderes als Chaos zu erzeugen. Nervosität kann oftmals auch durch Zuckungen im Gesicht, roten Hautflecken, Schweißausbrüchen, Herzjagen und Magen-Darm-Beschwerden begleitet sein.

Wenn Nervosität chronischen Charakter hat, beispielsweise die Fingerspitzen immer auf einem Tischblatt tanzen müssen, dann können Sie allenfalls mit einer konsequenten Gegensteuerung einen schönen Erfolg erzielen. Zwingen Sie sich, Ihre ganzen Hände ruhig auf dem Tisch liegen zu lassen, und wenn Sie zu Hause sind kann auch das Ausmalen von Mandalas oder Sticken die nötige Ruhe bringen. Diese Form von Nervosität kann man sich gut mit Hilfe von Therapeuten abgewöhnen. Dünne, drahtige Menschen neigen viel mehr zu Nervosität als die etwas „gemütlicheren" Mitmenschen. Lebenskünstler stecken zwar den großen Streß mit links weg, können aber dafür mit überschäumenden Nervositätsanflügen die gesamte Umgebung durcheinander bringen. Menschen, die alles in sich hineinfressen, sind am meisten gefährdet, denn Nervosität und Streß sind lange Zeit nicht sichtbar.

Siehe Buch: „Wenn Räume erwachen"; erschienen im Windpferd Verlag

Die chinesische Harmonielehre Feng Shui, die sich mit dem Umfeld (der Energie, die auf den Menschen von außen her einfließt) befaßt, kann hier sicherlich eine riesige Hilfe sein. Sehr oft sind Arbeitsplätze und auch Wohnungen so eingerichtet, daß es gar nicht möglich ist, ruhig zu bleiben, ruhig zu sein und vor allem ruhig zu werden. Bei Nervosität empfiehlt sich ein Anhänger mit einem Magneten, damit der Ren Mai-Meridian, die Mutter aller Yin-Meridiane wieder Kraft und Stärke erhält.

Wo der Körper leidet

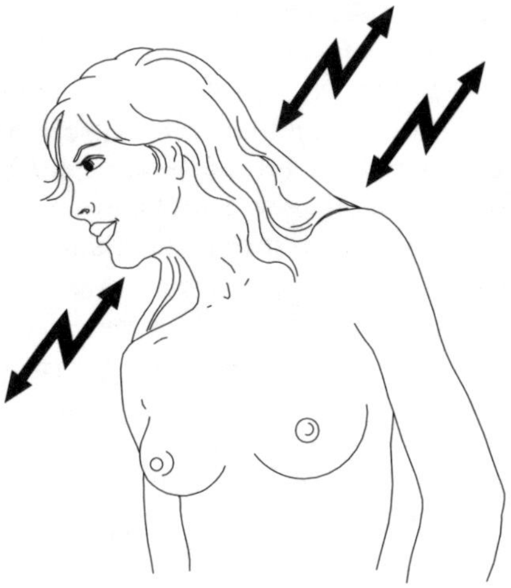

So können Sie Ihre Beschwerden lindern

Da sich Nervosität auf das Herz auswirkt, so ist es auch nicht weiter erstaunlich, daß wir die beruhigenden Punkte auf dem Herzmeridian und dem Meister-des-Herzens-Meridian finden. Doch auch der Lebermeridian verlangt bei Nervosität nach einer Beruhigung.

Nervosität und Streß sind oft sehr eng miteinander verbunden. Lesen Sie daher die separate Doppelseite über Streß nach, vielleicht können Sie davon noch zusätzlich profitieren.

Der Schmuck-Punkt

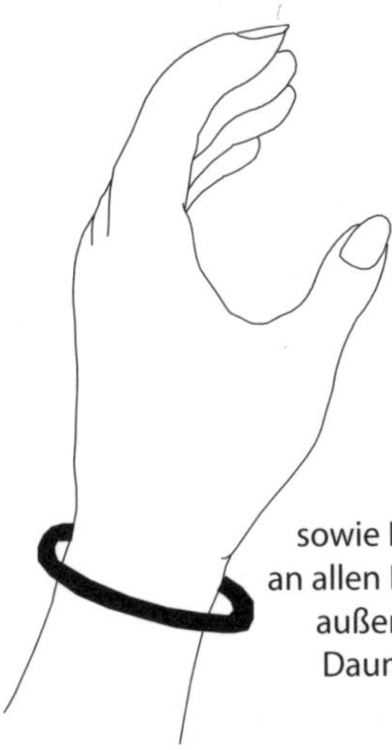

Die Therapie-/Akupressur-Punkte

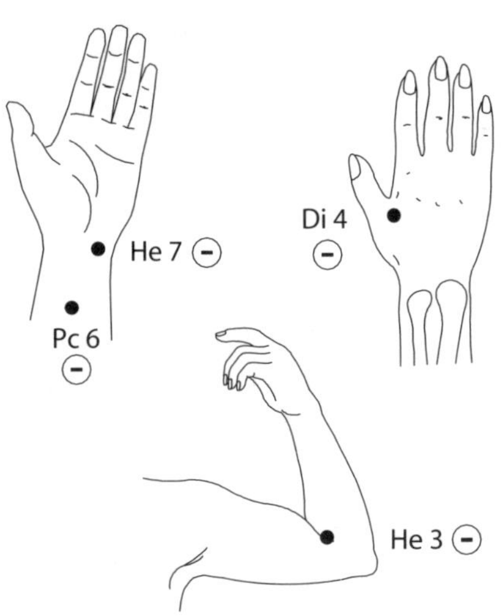

Nierenschmerzen

Die Nieren sind unser zweitwichtigstes Ausscheidungsorgan nach der Lunge. Zusammen mit überschüssigem Wasser filtern sie giftige Abfallprodukte des Stoffwechsels aus. Wenn unsere Nieren nicht mehr richtig arbeiten, beginnen wir innerlich zu vergiften.

Nierenschmerzen und Nierenentzündungen sind oft in Zusammenhang mit Blasenentzündungen zu finden und sollten auf jeden Fall ernst genommen werden. Nieren- und Blasenentzündungen können durch unsere Kleidung wie auch durch unser Eß- und Trinkverhalten entscheidend beeinflußt werden. Naßgeschwitzte Unterwäsche oder auch „nierenfreie" Bekleidung begünstigen die Erkrankung. Tee (manchmal wird auch Kaffee und Pils empfohlen) helfen den Nieren, die Schadstoffe des Körpers besser wegschwemmen zu können. Mineralwasser dagegen kann (falls Nierensteine vorhanden sind) genau das Gegenteil von dem bewirken, was eigentlich geplant war. Der Grund liegt in den Mineralien im Wasser (Calzium, Phosphat, Magnesium). Nierenleiden können sich auch durch Rückenschmerzen anzeigen. Zudem sind sie für diverse Bluthochdruckleiden verantwortlich. Ein Gang zum Arzt ist bei Nierenleiden unumgänglich.

Ein Gang zum Arzt ist bei Nierenleiden unumgänglich

Diese Geschichte ist mir an die Nieren gegangen

Wenn uns etwas an die Nieren gegangen ist, so hat es uns sehr getroffen, so sehr, daß das gesamte Ambiente „vergiftet" worden ist. Nierenleiden sind sehr schmerzhafte Angelegenheiten und genauso bereitet uns eine Geschichte großen, seelischen Schmerz, wenn sie uns nicht nur auf den Magen schlägt, sondern an die Nieren geht.

Bei Nierenleiden wird alles daran gesetzt, die Schadstoffe so schnell und so effizient wie möglich aus dem Körper zu befördern, und genau das sollte auch bei Begebenheiten passieren, die uns bis an die Nieren gehen. Sprechen Sie mit jemandem über Ihr Erlebnis, daß Sie es wenigstens verbal ausscheiden können. Im körperlichen Bereich können die Rückstände Vergiftungen und Nierensteine bewirken, im seelischen bleibt ebenfalls eine Vergiftung zurück, die Ihnen solange zu schaffen machen wird, bis sie endgültig ausgeschieden ist. Eine Magnethalskette hilft, den Ausscheidungsprozeß zu aktivieren.

Tip: Warme oder noch nicht ganz kalte Tees (Brennessel – Eisenkraut – Salbei) helfen dem Körper, die Schadstoffe besser auszuschwemmen. Bedecken Sie Ihre Nieren mit warmer Kleidung, die frei von synthetischen Fasern ist. Kürbiskerne helfen gegen eine Reizblase und Beschwerden bei Prostatavergrößerung.

Wo der Körper leidet

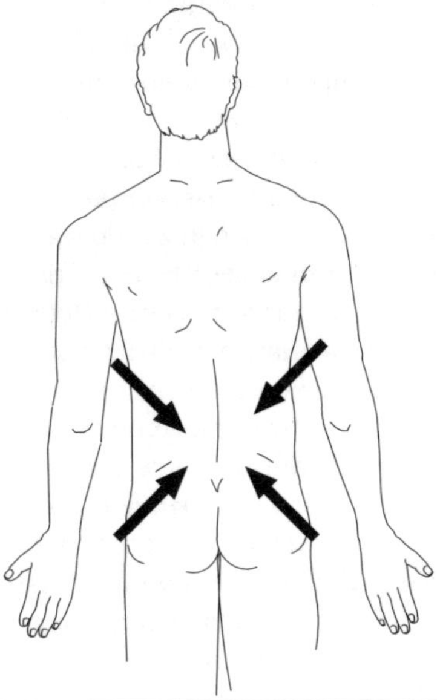

So können Sie Ihre Beschwerden lindern

5 Punkte auf 5 verschiedenen Meridianen werden bei Nierenschmerzen empfohlen und dazu können noch diverse Punkte auf dem Blasenmeridian und dem Ren Mai kommen. Nierenprobleme sind äußerst komplexe Krankheiten, die von zahlreichen Faktoren beeinflußt werden und auch ihrerseits einen enormen Einfluß auf zahlreiche körperliche Befindungen haben.

Es ist gut möglich, daß Sie kleine Nierensteine mit Hilfe der Akupressur selber ausscheiden können, und auch ein Magnetarmreif kann unterstützend wirken, doch ein Arztbesuch ist bei Nierenproblemen unumgänglich.

Der Schmuck-Punkt

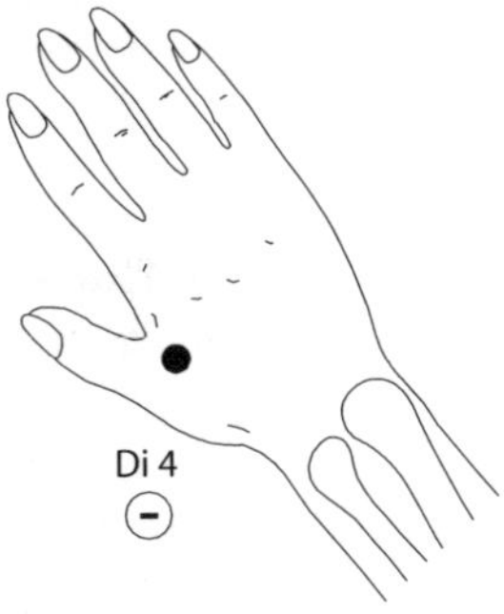

Die Therapie-/Akupressur-Punkte

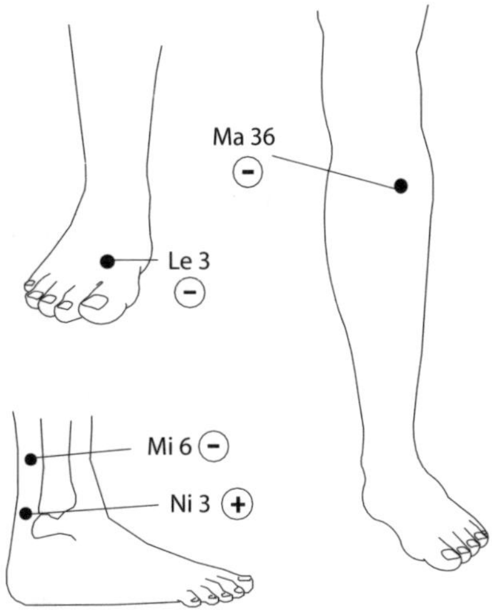

Rheuma I – Arthritis

Rheumamittel sollten nur unter ärztlicher Kontrolle angewendet werden, da sie auch einen Einfluß auf die Blutwerte haben

Arthritis ist eine chronische Gelenkentzündung. Erst wenn unsere Gelenke schmerzen, merken wir, wie oft wir sie jeden Tag gebrauchen. Durch die ständige Bewegung erhalten unsere Gelenke auch nicht die notwendige Ruhe, wenn sie entzündet sind und diese chronische Überbelastung verstärkt wiederum die Krankheit. Rheuma beginnt meistens mit einer Art „Morgensteifigkeit“, die sich dann aber im Laufe des Tages wieder löst. Viele Menschen haben sich mit einer gezielten Gymnastik, Fangopackungen, Wärme- oder Kältebehandlungen selber sehr viel Leiden erspart. Rheumamittel aber sollten nur unter ärztlicher Kontrolle angewendet werden, da sie auch einen Einfluß auf die Blutwerte haben.

Dank dem Einsatz von Magneten und der Akupressur können vor allem die Schmerzen bedeutend gelindert werden. Die chinesische Medizin zeigt oft an verblüffend logischen Komponenten, in welchem Zustand der Körper ist. So werden bei Rheuma fast alle Meridiane mit Yang-Aktiv-Energie / Pluspol (Ausnahme Milz-Meridian) behandelt, obwohl es sich um eine Entzündung handelt. Da jedoch die Gelenke eine chronische Überbelastung aushalten mußten, ist ihre Eigenenergie ins Defizit geraten und die Entzündung ist nur die Konsequenz, nicht aber die Ursache.

Lesen Sie auch den Teil auf der nachstehenden Seite – weitere Informationen treffen für beide Formen von Gelenkserkrankungen zu.

Der Schmuck-Punkt

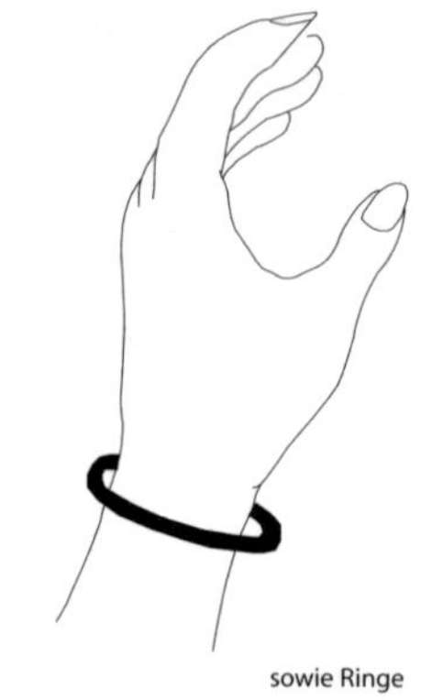

Die Therapie-/ Akupressur-Punkte

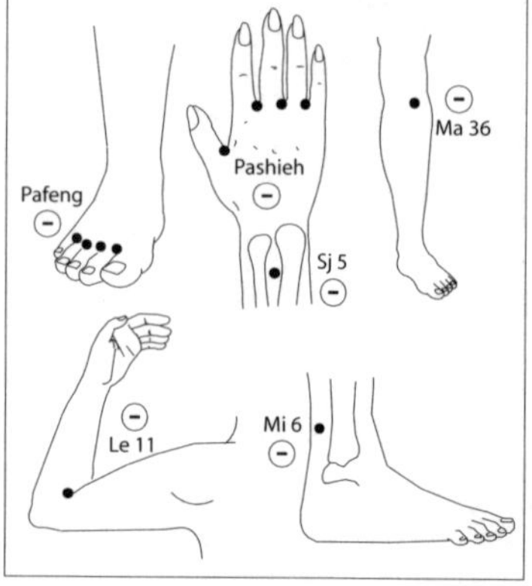

Rheuma II – Arthrose

Arthrose ist eine deformierende und degenerative Gelenkserkrankung, die sehr starke Schmerzen verursacht, vor allem dann, wenn eines der großen Gelenke (Hüfte, Knie, Fuß, Ellenbogen) betroffen ist. Obwohl Arthrose in keinster Weise eine Rheumaform ist, so werden die Schmerzen fast gleich empfunden und daher ist es nicht selten, daß man Arthrose zuerst als Gelenkentzündung einstuft. Dies wird noch durch den „Volksglauben“ unterstützt, der besagt, daß Arthrose eine Alterskrankheit sei, was allerdings nicht stimmt. Auch jüngere Menschen können unter Arthrose leiden, wenn sie entsprechend veranlagt sind. Rheuma kann mit der Zeit auch Arthrose auslösen.

Auch jüngere Menschen können unter Arthrose leiden, wenn sie entsprechend veranlagt sind

Bei Arthrose, Rheuma und Arthritis ist immer ein Ungleichgewicht vorhanden, und zwar zwischen der effektiven Beanspruchung und der Schwäche der Gelenke. Gelenke können durch die körperliche Veranlagung wie auch durch Unfälle, sportliche Überanstrengung und auch Übergewicht geschwächt worden sein. Kunstturner leiden sehr oft bereits ab dem 25. Lebensjahr an dieser Krankheit, wenn ihnen die Natur nicht extrem starke Gelenke geschenkt hat.

Lesen Sie auch den Teil auf der vorangehenden Seite – viele Anregungen treffen für beide Formen von Gelenkserkrankungen zu. Bei starker Arthrose ist der beste Weg für ein beschwerde- und vor allem medikamentenfreies Leben, die deformierten Gelenke durch künstliche zu ersetzen.

Der Schmuck-Punkt

Die Therapie-/ Akupressur-Punkte

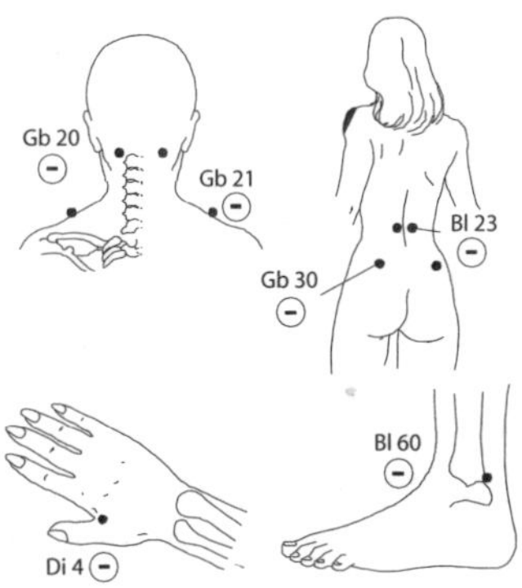

Rückenschmerzen – Kreuzschmerzen

Schmerzen im Rücken- und im Kreuzbereich sind oft eine Folge der Überlastung oder der falschen Belastung der Wirbelsäule. Neben der schlechten Haltung beim Sitzen ist auch das Schuhwerk nicht selten ein zentraler Verursacher. Je höher die Absätze, desto stärker die Belastung auf die Wirbelsäule. Auch „ausgelatschtes" Schuhwerk kann spätere Wirbelsäulenprobleme provozieren, vor allem bei Kindern. Und schließlich kann sich auch die Qualität des Bodens positiv oder negativ bemerkbar machen. Je weicher der Boden, desto mehr wird der Schritt abgefedert. Untergründe wie Steinboden oder Asphalt leiten dagegen den Schritt hart in den Rücken.

Eine Grundvoraussetzung, damit die Wirbelsäule vom rechten und linken Bein gleichmäßig belastet werden kann, ist ein „richtiges" Stehen auf den Beinen und den Füßen. Kinder, die im hohlen Kreuz stehen, erhalten oft durch Haltungsturnen und orthopädische Unterstützung eine Linderung, die ihnen für die gesamte Zukunft enorm viele Schmerzen erspart.

Extrem hochhackige oder ausgelatschte Schuhe sind Gift für die Wirbelsäule

Ein Gefühl, als ob einem jemanden ins Kreuz getreten sei

Werden wir von hinten in den Po getreten, so „fliegen" wir vorwärts, jemand hat uns einen (wenn auch unsanften) Anstoß gegeben.

Werden wir jedoch von hinten ins Kreuz getreten, so „fliegen" wir unweigerlich auf die Nase. Wer ins Kreuz getreten wird, ist ziemlich hilflos, wir sind an einem sehr verwundbaren Punkt unserer aufrechten Haltung getroffen worden. Es gibt keine bessere Stelle, um jemanden so zu Fall zu bringen, daß auch das Gesicht auf dem Boden ist. Der japanische Ausdruck *„Das Gesicht verlieren"*, besagt ziemlich genau, wie in einem solchen Moment die Gefühle verletzt werden: Erniedrigung – Demütigung – öffentliche Bloßstellung – Verachtung.

Wer sich ganz unten fühlt oder nach ganz unten gestoßen worden ist, kann nicht immer auf eine hilfreiche und dargebotene Hand hoffen. Denn nicht selten sind die Verursacher die gleichen Personen, die eigentlich die Freunde sind. Um sich wieder aufzurappeln, aufzustehen und natürlich auch Paroli zu bieten braucht es Kraft und Energie: Yang Enerige, die kräftig und stark ist. Eine Magnetkette, die den Vater aller Yang Meridiane stimuliert, ist ein guter Helfer.

> Tip: Wenn die oben beschriebene Situation die Ihre ist, werden Punkte auf dem Blasen-Meridian, der für die innere Stabilität steht, schmerzen. Stabilität kann mit den richtigen Schuhen bedeutend verbessert werden. Gönnen Sie sich ein paar neue Schuhe, die Ihnen Halt geben und auf denen der Fuß nicht knikken kann. Im Sommer können Sandalen mit breiten Riemen um die Fesseln diesen Halt vermitteln.

Wo der Körper leidet

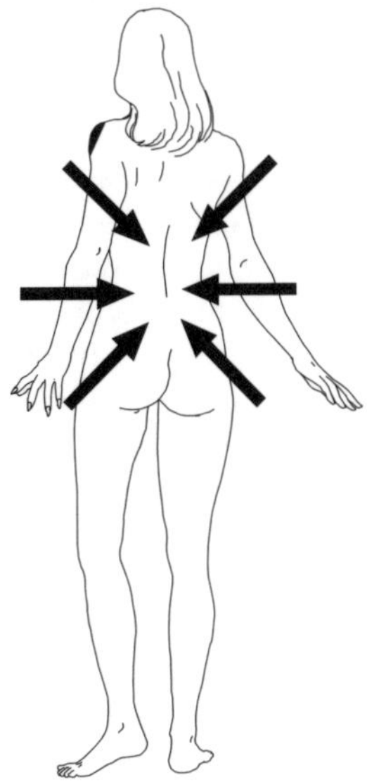

So können Sie Ihre Beschwerden lindern

Im Kreuz-Lendenbereich ist es nicht mehr möglich, sich selber genug kräftig zu massieren. Die Hilfe von einer zweiten Person ist dafür nötig.

Die Magnetpflaster sind sehr empfehlenswert, denn man kann sie selber sehr gut aufkleben und sie bleiben unter der Kleidung unsichtbar.

Für die unterstützende Wirkung sorgt eine Magnethalskette, die den Blasenmeridian und den Sondermeridian Du Mai stimuliert.

Der Schmuck-Punkt

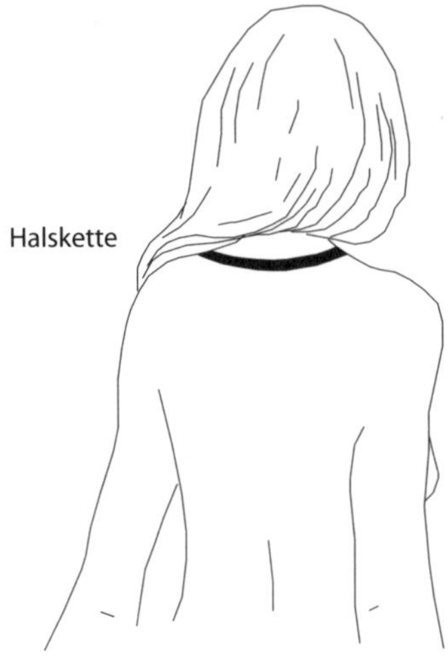

Die Therapie-/Akupressur-Punkte

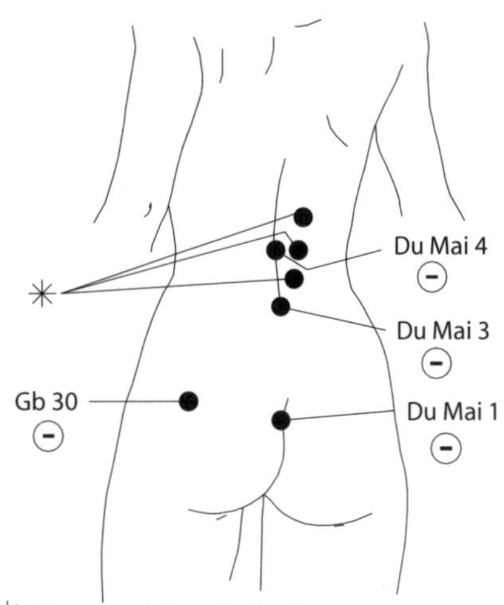

✳ Blasenmeridian, alle Punkte von 23–26 wahlweise, alle ⊖

Schlafstörungen

Es gibt zwei typische Formen von Schlafstörungen, bei der ersten kann man nicht einschlafen und bei der zweiten nicht durchschlafen. Das eine ist genau so lästig wie das andere, denn wir wissen, daß wir auf die nächtliche Erholung durch den Schlaf angewiesen sind. Im Schlaf werden unsere Batterien wieder aufgeladen und das gibt uns die nötige Kraft für den kommenden Tag.

Lesen Sie lieber ein interessantes Buch im Bett als über die Dinge zu grübeln, die um diese Uhrzeit eh' nicht mehr gelöst werden können

Genau durch dieses Bewußtsein, daß wir schlafen müssen, damit wir wieder fit sind, werden viele Schlafstörungen bereits im Vorfeld vorbereitet. Zusätzlich können Kaffee, schweres oder sehr spätes Essen, mangelnde Bewegung und mangelnde Erschöpfung das Einschlafen erschweren. Doch die sicherlich wichtigeren Faktoren sind Streß, Sorgen, Nöte sowie Einsamkeit oder Mangel an Zuneigung.

Innerlich nicht zur Ruhe kommen

Wenn wir innerlich nicht zur Ruhe kommen können, so liegt irgendwo ein Problem, das wir meistens zwar kennen, aber am Tage von uns wegschieben können, doch nachts, im Bett, da holt es uns wieder ein. Das passiert, wenn uns finanzielle Sorgen plagen, wenn wir uns einsam fühlen, wenn der Beruf streßt, wenn wir uns unverstanden fühlen, wenn wir uns um unsere Gesundheit sorgen.

Ein Problem wird nicht dadurch aus der Welt geschafft, daß wir es uns täglich (oder jede Nacht) vor Augen halten, sondern indem wir es lösen. Wenn wir uns im Kreis drehen, macht uns das nur müde, zermürbt und verbraucht sinnlos Energie, die wir viel gezielter einsetzen könnten. Wenn wir uns selbst den Schlaf mißgönnen, schaden wir in erster Linie uns selbst. So entsteht ein Teufelskreis, denn am Tage fehlt somit die nötige Energie, das effektive Problem in Angriff zu nehmen.

Tip: Wenn Sie ein Problem plagt, so packen Sie es an, auch wenn der Anfang vielleicht alles andere als leicht fällt. Lesen Sie lieber ein interessantes Buch im Bett als über die Dinge zu grübeln, die um diese Uhrzeit eh nicht mehr gelöst werden können. Bei vielen Menschen bringt ein (1!) Glas Rotwein die nötige Bettschwere, damit die Augen schneller zufallen. Zweimal wöchentlich in die Sportgruppe, kann bei Schlafproblemen ebenfalls Wunder wirken.

Wo der Körper leidet

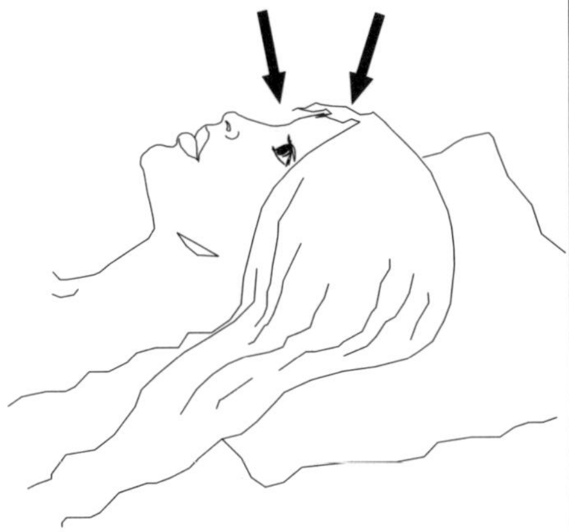

So können Sie Ihre Beschwerden lindern

Der Sonderpunkt YinTang zwischen den Augenbrauen entspannt die angespannten Nerven. Auf der körperlichen Ebene hilft der Punkt Di 4, er wirkt schmerz- und krampflösend. Weitere Unterstützung bietet Ihnen Lu 9, He 7 und Pc 6.

Magnetschmuck sollte nicht in der Nacht getragen werden, außer wenn Sie intensiver träumen möchten. Aktivieren Sie daher die Punkte am Handgelenk tagsüber und entfernen Sie den Schmuck, bevor Sie zu Bett gehen.

Der Schmuck-Punkt

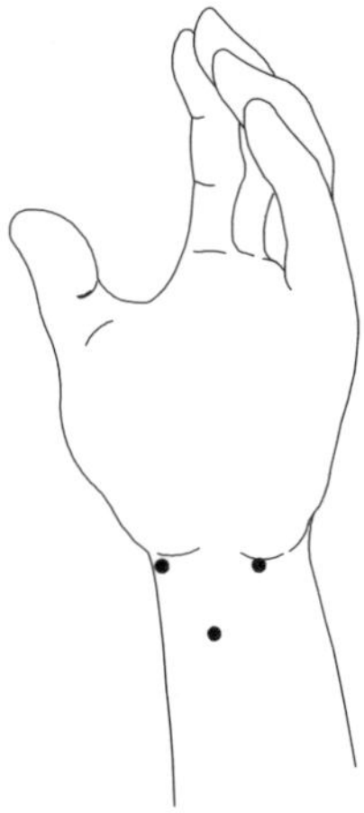

Wichtig: Keine Magnete zum Schlafen tragen

Die Therapie-/Akupressur-Punkte

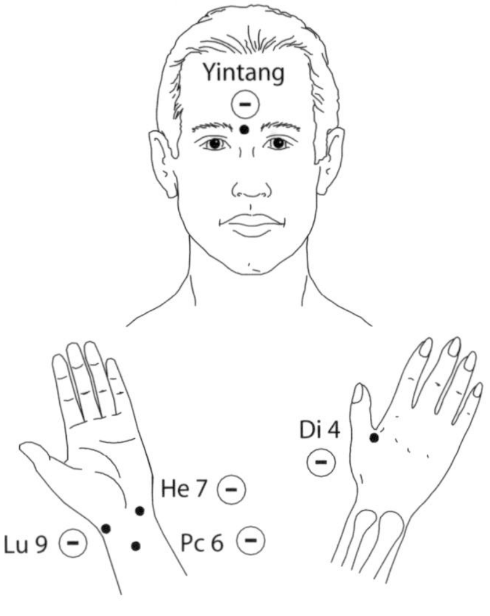

Schönheit

Jeder Mensch verfügt über eine innere wie auch eine äußere Schönheit. Wenn beide Werte harmonisch miteinander spielen, so entsteht das gewisse Etwas, das Besondere, der optisch-subtile Reiz, der von einem Menschen ausgeht. Man muß nicht schön sein, um anziehend zu wirken. Das schönste Gesicht nützt nichts, wenn es nicht von innen strahlt.

Als schön empfindet man nur jemanden, bei dem das Gesamtbild stimmt

Aber trotzdem gibt es ein paar körperliche „Begebenheiten", die vor allem dem weiblichen Geschlecht zu schaffen machen: Cellulite, auch bekannt als Orangenhaut, bei Oberschenkeln und Po – die nicht mehr so straffe Haut im Gesichts-, Hals- und Decolletébereich sowie die Augenringe bzw. Tränensäcke.

Die Unschönen

Es gibt ein paar Wertigkeiten, die einen nicht zu unterschätzenden Einfluß auslösen können: Eine reine Haut (siehe spezielles Kapitel Akne), vollständige (und vor allem saubere) Zähne, gepflegte Haare (gewaschen) und gereinigte Fingernägel. Der Körperduft und der Atem entscheiden ebenfalls über anziehende oder abstoßende Wirkung.

Das süßeste Lächeln verliert seine Zauberkraft, wenn Zähne fehlen oder Speisereste sichtbar werden. Ungepflegte Haare hinterlassen einen „schmierigen" Eindruck und schwarze Rändchen unter den Fingernägeln akzeptieren wir allenfalls bei Kindern und Menschen in handwerklicher Arbeitskleidung. Leichter Körpergeruch durch Schweiß wird normalerweise kurzfristig toleriert, denn jeder kann einmal in diese mißliche Situation kommen. Allerdings werden tiefer sitzende Körpergerüche (Urin, mangelnde Reinlichkeit) sowie starke Schweißgerüche als widerlich empfunden. Der Atem wird hauptsächlich durch Alkohol, Nikotin und Kaffee auf ein unangenehmes Niveau gebracht. Knoblauch, Zwiebeln und andere verwandte Gewürze und Kräuter wirken stark auf den Atem wie auch auf die Verdauung. Der Mensch kann noch so nett, so schön oder attraktiv sein, Nähe ist bei Körpergerüchen und schlechtem Atem nicht mehr gefragt.

Cellulite

Das Bindegewebe des weiblichen Körpers wird normalerweise ab 30 etwas schwächer und mit zunehmendem Alter nimmt diese Tendenz zu. Um die Hüfte und die Oberschenkel wird man als Frau „etwas stärker“, doch dem zusätzlichen Gewebe fehlt es an der gewünschten Festigkeit. Der knackige Po und die strammen Beine der Werbeplakate geraten in arge Diskrepanz zur persönlichen Realität. Cellulite, auch Orangenhaut genannt, kann meist nicht ganz bekämpft, sondern nur in Schach gehalten werden. Wenn Sie allerdings über Jahre keinen Sport mehr getätigt haben, so stehen die Chancen für massive Verbesserungen dann äußerst gut, wenn Sie mit gezieltem Turnen wie beispielsweise Callanetic-Übungen täglich 20 Minuten Oberschenkel. Hüfte und Po aufbauend trainieren.

Cellulite, auch Orangenhaut genannt, kann meist nicht ganz bekämpft, sondern nur in Schach gehalten werden

> Tip: Kieselerde (auch unter dem Namen Kieselsäure bekannt) hilft, das Bindegewebe und die Knochen, Nägel und Haare zu stärken. Dazu empfiehlt sich täglich 10 Minuten Callanetics (äußerst gezielte Turnübungen).

Der Schmuck-Punkt

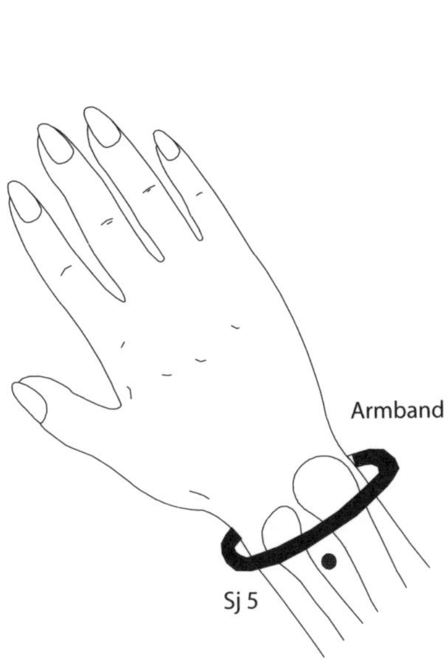

Die Therapie-/Akupressur-Punkte

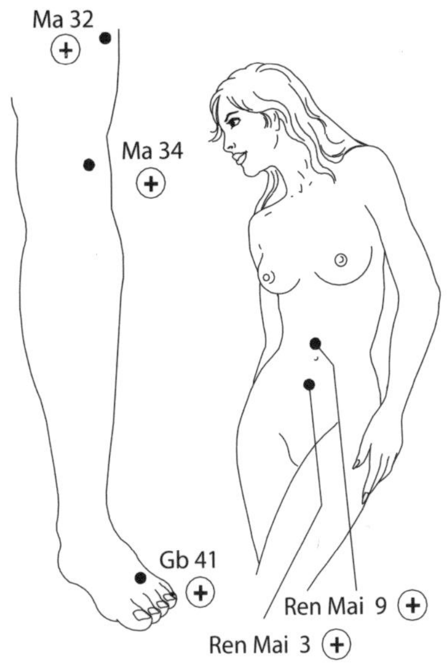

Straffe Gesichtshaut

Lachen ist eine besonders angenehme Weise, die Gesichtsmuskulatur aktiv zu halten

In zunehmendem Alter wird die Haut im Gesichtsbereich, am Hals und beim Decolleté etwas weicher und dann leider oft so weich, daß sie sich regelrecht in Falten legt. Wir können den Alterungsprozeß mit Sicherheit nicht aufhalten, aber zumindest können wir den Zahn der Zeit, der stetig an uns knabbert, etwas abschleifen. Nebst der bereits erwähnten Kieselerde helfen sanfte Massagen und aufbauendes Training der Halsmuskulatur. Lachen ist eine besonders angenehme Weise, die Gesichtsmuskulatur aktiv zu halten.

> Tip: Eine jungerhaltende, sogar verjüngende Wirkung wird seit unendlich langer Zeit dem Qi-Gong und dem Tai-Chi zugeschrieben. Das innere Lächeln wirkt wie ein Licht hinter der Haut und durch die starke, aber harmonische Ausstrahlung des Menschen werden die Falten wie unsichtbar gemacht.

Der Schmuck-Punkt

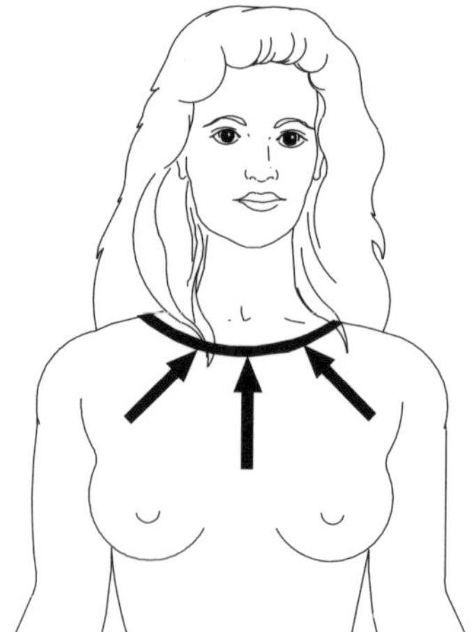

Die Therapie-/Akupressur-Punkte

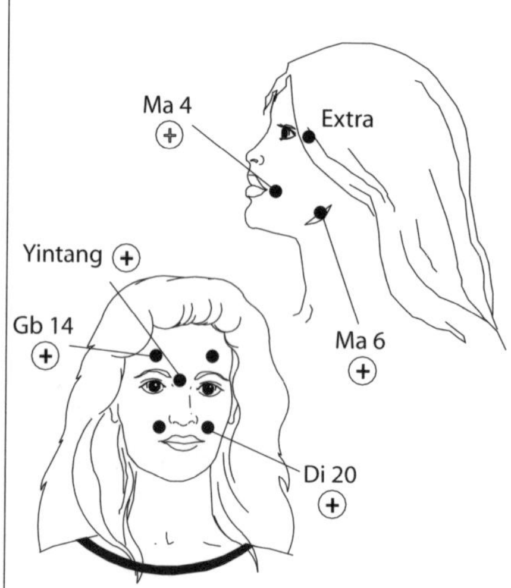

Augenringe

Zuwenig Schlaf hinterläßt Spuren, die Belastbarkeit nimmt ab, die Nerven werden geschwächt und sichtbar wird das Schlafmanko (nebst ständigem Gähnen) vor allem an der Hautpartie unter den Augen. Auch wer zuviel schläft läuft Gefahr, einen übermüdeten Eindruck zu machen.

Wenn dem Körper über längere Zeit ein Teil des benötigten Schlafes entzogen wird, so bilden sich Ringe unter den Augen, die sich im Laufe der Zeit auch dunkel färben können. Diese Verfärbungen beklagen sehr oft junge Mütter im ersten Jahr nach der Geburt, wenn sie kaum eine Nacht durchschlafen können.

Benetzen Sie die Augenpartie mit kaltem Wasser, aber trocknen Sie sich anschließend nicht gleich wieder ab

> Tip: Kaltes Wasser strafft die Haut. Benetzen Sie die Augenpartie mit kaltem Wasser, aber trocknen Sie sich anschließend nicht gleich wieder ab. Lassen Sie den kleinen Wasserfilm um die Augenpartie an der Luft trocknen. Wenn Sie kalte Hände haben (das ist meist eine ungewollte Erscheinung), so können Sie Ihre Hände auf die Wangen legen, sodaß die Fingerspitzen unter die Augen zu liegen kommen. Ihre Hände werden wieder warm und die Haut unter den Augen erhält eine angenehme Kühlung. Aus der Welt der Filmstars ist bekannt, daß diese sich gekühltes Mineralwasser in einem Zerstäuber ins Gesicht sprühen, um frisch zu wirken.

Der Schmuck-Punkt

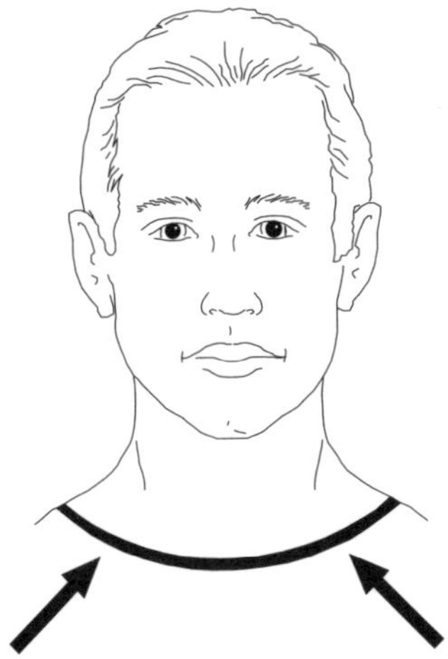

Die Therapie-/Akupressur-Punkte

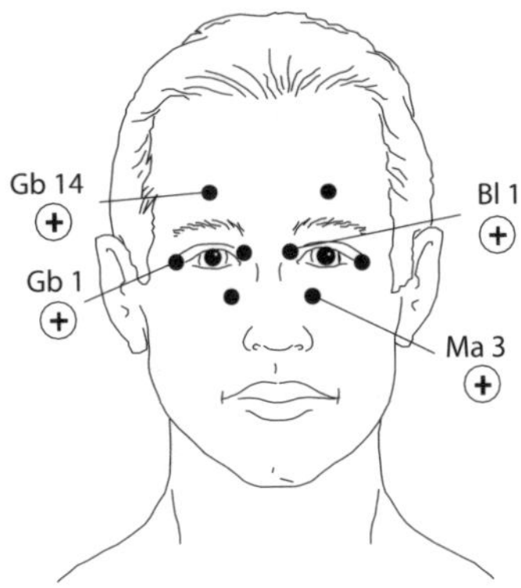

Schwindel

Wer regelmäßig unter Schwindelattacken leidet, sollte durch eine Fachperson abklären lassen, ob der Schwindel kreislaufbedingt oder durch das Innenohr ausgelöst wird

Wenn unser Gleichgewichtssinn (Erkrankung des Innenohrs) überbelastet wird, so entsteht das Gefühl, als ob sich die Welt um uns herum zu drehen beginnt. Wir verlieren den Halt unter den Füßen, müssen uns setzen, festhalten oder fallen hin. Bei den meisten Menschen dauert eine Schwindelattacke nur ein paar Sekunden, bis sie wieder vorbei ist. Fast jedermann macht mit dem Drehschwindel einige wenige Male in seinem Leben Bekanntschaft, aber selbst provoziert durch übermäßigen Alkoholgenuß, Karussell- oder Achterbahnfahrten oder eine extreme körperliche Überanstrengung. Kreislaufbedingt entsteht das „Schwarzwerden vor den Augen“ oder das „Sternchensehen“, das gar als Ohnmacht enden kann.

Wer regelmäßig unter Schwindelattacken leidet, sollte durch eine Fachperson abklären lassen, ob der Schwindel kreislaufbedingt oder durch das Innenohr ausgelöst wird.

Aus dem Gleichgewicht geraten

Im gleichen Verlag erschienen: „Wenn Räume erwachen – erleben Sie die wunderbare Verzauberung Ihrer Wohnwelt durch die chinesische Harmonielehre Feng Shui“

Wir alle haben so unsere Vorstellungen, wie sich unsere eigene Welt bewegen, verändern und wie sie um uns rotieren soll. Wenn sich nun plötzlich die Ereignisse überstürzen, hält unser persönliches Tempo damit nicht mehr Schritt. Beim Schwindel ist die fließende Übereinstimmung der einzelnen Bewegungsabläufe nicht mehr koordiniert, und wenn wir aus dem Gleichgewicht geraten, so ist die harmonische Verbindung zwischen uns, unseren Mitmenschen und den Ereignissen nicht mehr in gesundem Fluß. Doch auch wir selbst können uns aus dem Gleichgewicht werfen, und zwar durch unsere Urbedürfnisse. Da haben wir beispielsweise unser Leben so eingerichtet, daß Ruhe und Stabilität gegeben ist, und plötzlich, da mißfallen uns all diese Werte und das einzige, was erstrebenswert scheint, ist das Abenteuer, die Weite und die Freiheit. Die wohl beste Lösung, um diese Gefühlsschwankungen in den Griff zu kriegen ist die chinesische Lehre von Feng Shui, denn sie greift genau diese Problematik auf und löst sie elegant, simpel und sehr stilsicher.

Tip: Bei Schwindel werden bis zu 10 (von 12) Meridiane angegeben, die an bestimmten Punkten Unterstützung mit positiver Energie benötigen. Der am häufigsten genannte Meridian mit vier Punkten ist der Dreifach-Erwärmer-Meridian, der durch den Ringfinger fließt. Ein Magnetring als zusätzliche Unterstützung ist hier ideal.

Weitere (hier nicht eingezeichnete) Punkte sind: Le 3, Ni 3, Mi 6, die alle mit +-Energie aktiviert werden.

Wo der Körper leidet

So können Sie Ihre Beschwerden lindern

Wenn Sie spüren, daß es Ihnen schwindelig werden könnte, ist es ganz wichtig, daß Sie sich setzen oder zumindest festhalten können, damit Sie sich nicht noch zusätzlich durch einen Sturz verletzen.

Wenn Sie den Kopf in Ihren Händen aufstützen, können Sie mit Ihren Fingerspitzen gleichzeitig auf alle drei Punkte beim Ohr einen Druck ausüben. Lernen Sie diesen „Griff" auswendig, sodaß Sie bei jeder Schwindelattake umgehend die Akupressurpunkte stimulieren können.

Der Schmuck-Punkt

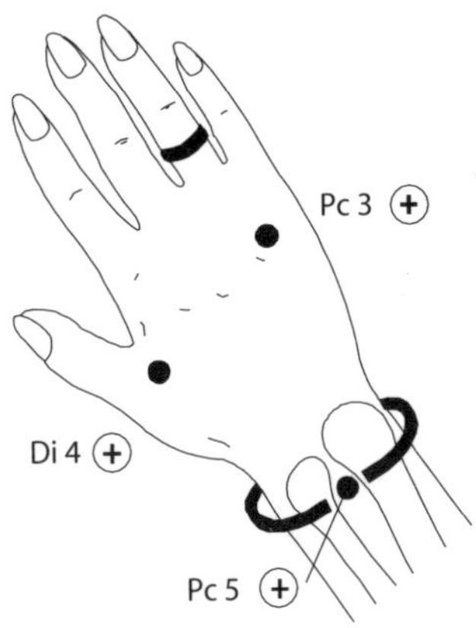

Die Therapie-/Akupressur-Punkte

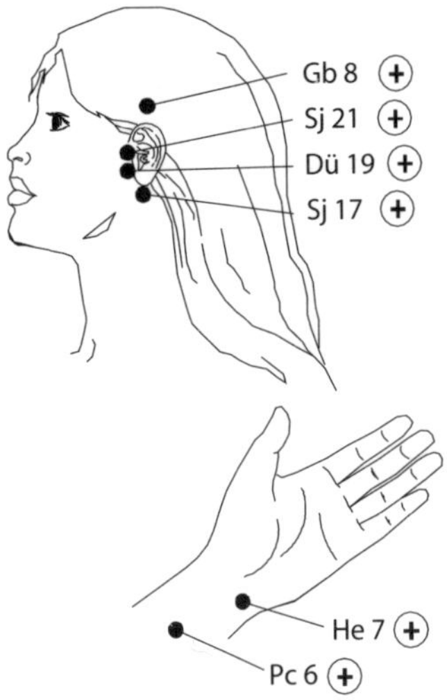

Schwitzen

Schwitzen ist ein natürlicher und eigentlich ein sehr gesunder Prozeß und wird hauptsächlich durch zwei Faktoren ausgelöst, die wir alle kennen, nämlich die Hitze und die körperlichen Aktivitäten. Wer ein bißchen korpulenter ist, schwitzt grundsätzlich mehr als die schlanken Personen und genauso normal ist das erhöhte Schwitzen bei Frauen während der Tage. Auch die Pubertät hat gewisse „schweißtreibende“ Eigenschaften.

Kunstfasern und die falschen Schuhe sind oft Auslöser des unangenehmen Geruchs

Schwitzen und Schweiß hat eine Nebenwirkung, die sehr unangenehm mit dem Riechorgan kollidiert. Sehr oft sind die Kunstfasern und die synthetischen Beigaben in Kleidung und Schuhwerk die Verursacher für die negativen Düfte. Schuhe, die unsere Füße von der frischen Luft abschneiden, sollten auch nicht den ganzen Tag getragen werden, oder würden Sie den ganzen Tag in der Sauna verbringen wollen?

Eine Kehrseite des Schwitzens ist die Tatsache, daß unsere Kleidung feucht oder naß wird. Erkältungen und rheumatische Beschwerden haben bei Durchzug und der feuchten Kleidung auf der Haut einen idealen Nährboden. Frauen unterliegen der Präposition für Blasenentzündungen, daher sollte nach intensivem Sport (wo normalerweise auch eine Dusche zur Verfügung steht) gleich die Unterwäsche komplett gewechselt werden.

Sich selber nicht mehr riechen können

Jeder Mensch riecht etwas anders. Mit unserem eigenen Duft können wir normalerweise gut umgehen. Doch es gibt immer wieder Phasen im Leben, wo sich unser persönlicher Duft so sehr verändert, daß er für unsere Nase ein Mißfallen erregt. Wir wechseln das Deo, das Parfum, und trotzdem sticht etwas in die Nase, das wir einfach nicht wegbringen. Wenn uns eine Situation abstößt oder wir uns nicht wohl fühlen, so sagen wir manchmal recht deutlich, daß „es uns stinkt, eine Arbeit zu verrichten“ – oder daß die Sache „bis zum Himmel stinkt“. Wenn wir uns in unserem eigenen Leben nicht mehr wohl fühlen, wenn die Partnerschaft streßt, wenn der Beruf zur Belastung wird, wenn man das Gefühl hat, daß die ganze Welt gegen einen handelt, dann sind das und vieles mehr Momente, wo es innerlich zu kochen beginnt. Nicht selten werden diejenigen Menschen, die immer mit viel (manchmal viel zuviel) Liebe für die anderen da gewesen sind, zurückgestoßen, verletzt und erniedrigt und reagieren in ihrer Sanftmut nicht mit einem lauten Redeschwall, sondern einem inneren Temperaturanstieg, einer Mischung aus Wut, Verletzung, Frust, Unverständnis und Enttäuschung. Je höher die Temperatur, desto stärker der Schweiß und desto ungewohnter und fremder die innere Atmosphäre.

Tip: Zypressenöl-Fußbäder und Zitrusöl auf der Haut nehmen beißenden Geruch, und auch Umschläge aus dem Sud von Walnußblättern helfen sehr gut

Wo der Körper leidet

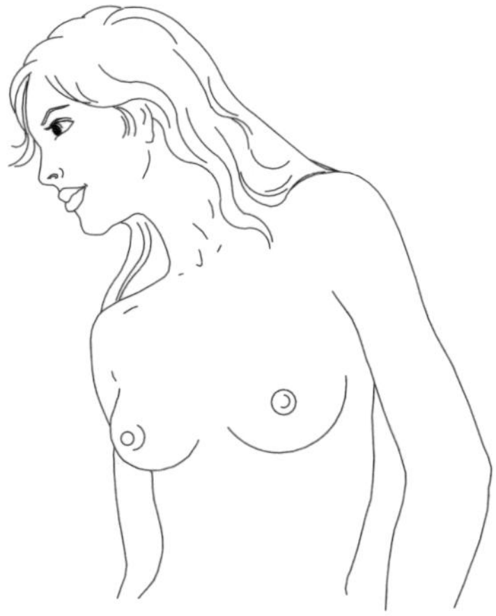

So können Sie Ihre Beschwerden lindern

Wer seine innere Atmosphäre erhitzt hat, benötigt eine wohltuende Kühlung. Sämtliche Punkte werden mit Minus-Magneten stimuliert.

Leider sind gerade hier Magnetpflaster ungünstig, da die Magnetpunkte sich am Hinterkopf bei den Haaren befinden.

Doch am Handgelenk kann die Kühlung ebenfalls herbeigeführt werden, unter anderem auch, indem man die Arme und die Handgelenke unter kaltes Wasser hält.

Der Schmuck-Punkt

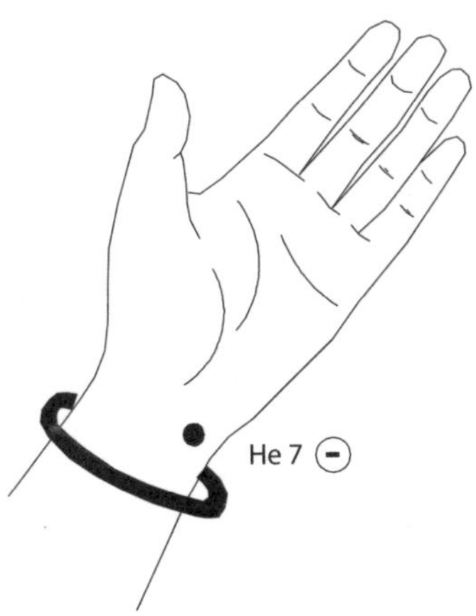

Die Therapie-/Akupressur-Punkte

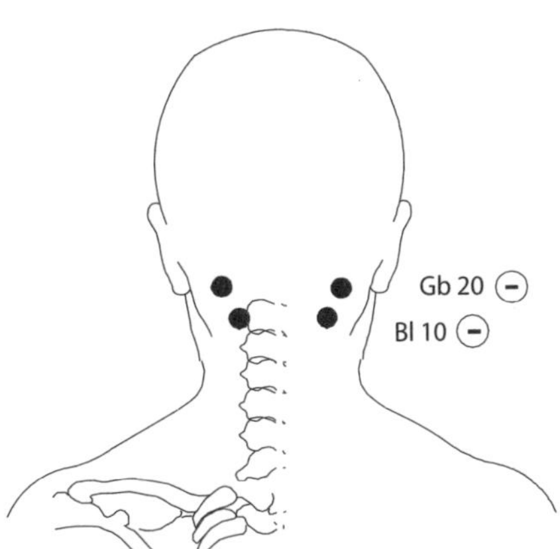

Sodbrennen – Aufstoßen – Blähungen

Alkohol, Tabak und intensive Gewürze verursachen gerne Sodbrennen oder Aufstoßen. Nach einer guten, großzügigen oder auch überdurchschnittlich üppigen Mahlzeit bedarf der Gürtel oft einer gewissen Lockerung, damit das Wohlgefühl nicht durch ein Druckgefühl beeinträchtigt wird. Wenn jedoch der Verschluß zwischen Magen und Speiseröhre schwach ist, kann etwas Magensäure „in die falsche Richtung entwischen" und einen Schmerz in Form von Sodbrennen oder einfach nur ein unangenehmes Gefühl in Form von Aufstoßen verursachen. Da aber auch Fette, frische Fruchtsäfte und diverse „normale" Lebensmittel Sodbrennen und Aufstoßen begünstigen können, wird jeder von uns irgendwann damit konfrontiert werden. Das gleiche gilt für die „menschlichen Winde", deren Schöpfer Zwiebeln, Sauerkraut, Kohl, Bohnen oder Linsen sind. Wer jedoch fast nach jeder Malzeit erst einmal eine gewisse Zeit „leiden muß", sollte einen Arzt aufsuchen, damit die Ursache behoben werden kann. Auch Luft, die verschluckt wird, kann diese „After-Dinner-Schmerzen" verursachen, doch meist steckt dahinter wie schon so oft der Streß als Hauptschuldiger.

Auch hier ist Streß eine der Hauptursachen

Blähungen, Aufstoßen und Sodbrennen sollten nicht zu einer Alltagserscheinung anwachsen dürfen und Schmerzen gelten als Warnsignal, sich von einer Fachperson untersuchen zu lassen.

Wenn etwas sauer aufstößt ...

ist eine Erinnerung an etwas gar nicht Schönes gemeint. Doch es ist nicht allein die Erinnerung, die das Aufstoßen verursacht, es ist vor allem die Tatsache, daß diese Begebenheit noch nicht verdaut ist. Wer unter chronischem oder starkem Streß leidet, hat normalerweise mehr Arbeit, als an einem Tag zu bewältigen ist. All die Dinge, die nicht erledigt werden konnten, drängen immer wieder an die Oberfläche, seien es Gedankenblitze oder die forschende, ungeduldige Nachfrage von Vorgesetzten oder Mitarbeitern. Auch der Streß, den wir hinunterschlucken, drängt wieder aus dem Körper, normalerweise versucht sich der Körper wieder „Luft zu machen" und produziert ein Aufstoßen. Wer allerdings schon so viel Streß hinuntergeschluckt hat, so daß das Maß übervoll ist, kann sich einen steinharten, geblähten Bauch erwirken. Das Ventil sind dann massive Winde, doch der überspannte Bauch verspürt dabei leider kaum eine Linderung.

> Tip: Wenn der Ärger und der Streß entweder die Nahrungsaufnahme oder die Atmung als Transportweg nach innen mißbraucht, ist es ganz wichtig, langsam und entspannt zu essen und bewußt gut zu atmen. Helfende Heilpflanzen sind Kümmel, Fenchel, Anis und Kamille, die alle auch als Tee zubereitet werden können.

Wo der Körper leidet

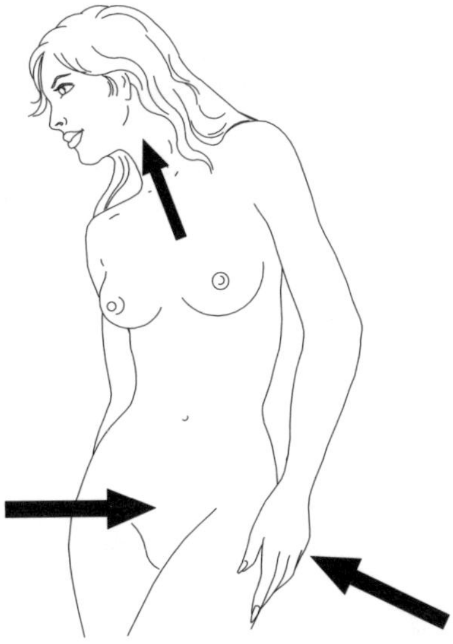

So können Sie Ihre Beschwerden lindern

Wo zuviel Druck, ein richtiger Überdruck entstanden ist, da gilt es zu beruhigen. Alle Akupressurpunkte werden mit Minus-Magneten behandelt, außer der Punkt am Leber-Meridian, der zu vermehrter Tätigkeit angeregt wird.

Im Magen-Bauch-Bereich können Magnetpflaster wunderbar eingesetzt werden, da sie durch die Kleidung verdeckt werden. Wenn Sie lange Hosen tragen, können Sie auch am Bein Magnetpflaster einsetzen.

Der Schmuck-Punkt

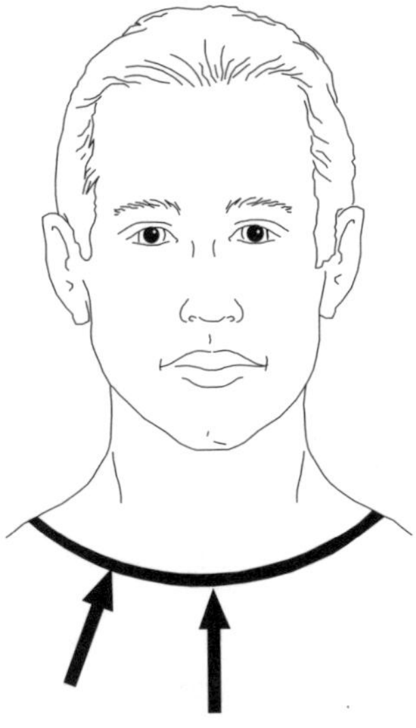

Die Therapie-/Akupressur-Punkte

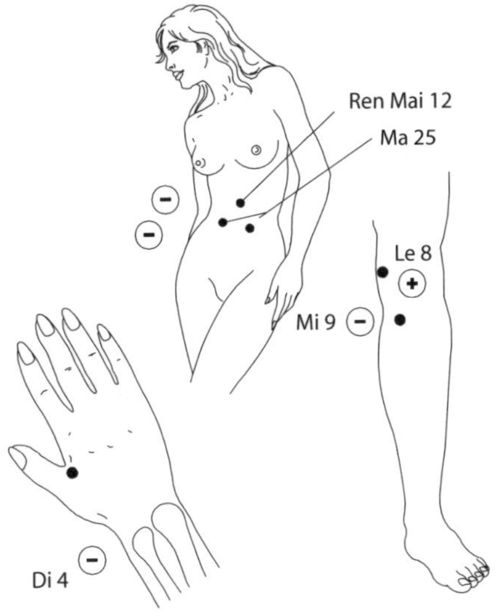

Streß

Die Gründe für Streß sind mannigfaltig und trotzdem können sie in zwei Hauptkategorien unterteilt werden: Zuviel und Zuwenig. Entzug von Nahrung, mangelnder Schlaf, zuwenig Licht, keine Ziele, keine Anforderungen die gestellt werden und völlige Unterforderung lösen genau so Streß aus wie zuviel Lärm, zu hoch gesetzte oder zu viele Ziele, Überforderung und vieles mehr.

Streß entfernt uns von unserer inneren Mitte, unserer inneren Ruhe und dem Zentrum unserer Kraft.

Streß entsteht dann, wenn man bei etwas nicht das richtige Maß findet

Wenn wir die beiden Akupressurpunkte näher betrachten, die das Streßgefühl mildern können, so erscheint ein erstaunliches Bild: Der eine Punkt befindet sich beim Herzen (4. Chakra = Gefühl) und der andere Punkt beim Gehirn (Verstand). Die Verbindung von Herz (Gefühl) und Verstand ist bei Streß nicht mehr genügend stark und auch nicht mehr ausgeglichen.

Bei Streß werden im ganzen Körper unzählige kleine Alarme ausgelöst und der Blutkreislauf, der Blutzucker, das Adrenalin, das vegetative Nervensystem, alles beginnt zu „rotieren". Wir alle können relativ problemlos eine Notfallsituation durchstehen, die einen von uns verkraften mehr und die anderen weniger von diesem Streß – doch sie darf nie zu einem Dauerzustand werden. Irgend wann läßt unsere Konzentration nach und die Energie, die wir im Körper aufbereiten, schießt am Ziel vorbei. Kreislaufzusammenbrüche, Magengeschwüre, extremer Schweiß, Zittern, Schlafstörungen, Appetitlosigkeit sowie Kopfschmerzen werden durch Dauerstreß ausgelöst.

Eine Magnethalskette, die durchgehend mit Magneten bestückt ist, stimuliert die beiden Eltern-Meridiane Ren Mai und Du Mai, die für das Gleichgewicht von Herz und Verstand zuständig sind.

Tip: Wenn unser Körper unter Streßalarm steht, so schlagen die ersten Anzeichen auf den Magen. Doch gerade unter Streß wird in Verbindung mit dem Zeitdruck das Essen meist enorm vernachlässigt und man ernährt sich mit Fast-Food. Das ist so ziemlich das Letzte, was der Körper in einem solchen Moment möchte. Er braucht bei Streß das Beste, was er überhaupt erhalten kann. Wenn Sie entweder bereits unter Streß stehen oder Ihnen eine riesige Aufgabe bevor steht, die sicherlich Streß auslösen wird, so beschaffen Sie sich einen Vorrat an Nahrungsmitteln, die reich an Ballaststoffen, Vitaminen und Nährstoffen sind. Nehmen Sie sich auf jeden Fall die Zeit, um in Ruhe zu essen. Wer zu schnell, zu heiß, zu fettig ißt, löst im Magen zusätzlich einen neuen Streß aus, denn unser Verdauungsorgan muß mit all dem fertig werden, was da an Ungesundem und in enormem Tempo bei ihm ankommt.

Wo der Körper leidet

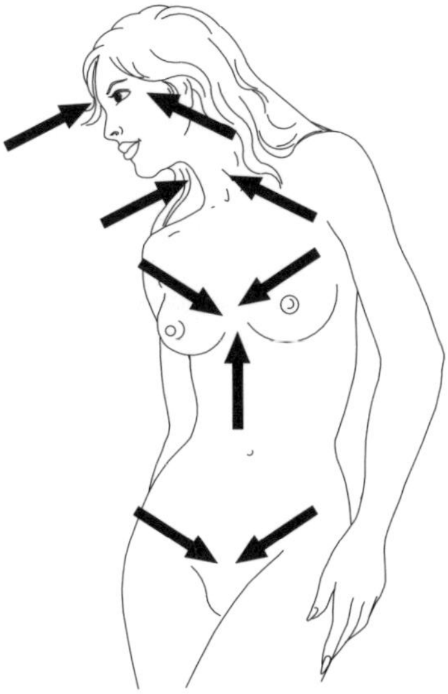

So können Sie Ihre Beschwerden lindern

Wenn der Vater und die Mutter streiten, so leiden auch die Kinder. Beim Streß sind die beiden Behandlungspunkte beim Vater- wie auch dem Mutter-Meridian zu finden. Wen wundert es da also, daß auch alle anderen Meridiane empfindlich gestört und aus dem Gleichgewicht gebracht sind?

Bevor der Streß irgendwo im Körper ein eigenes Krankheitsbild hervorbringt, schlägt er den meisten Menschen erst einmal auf den Magen. Daher ist der dritte Punkt im Bunde gegen den Streß der Ma 36, ein Punkt auf dem Magenmeridian.

Magnetpflaster können normalerweise bei Streß nicht eingesetzt werden, da sie auf die Kopfhaare geklebt werden müßten. Wunderbar eignet sich dagegen eine Halskette, die rundum mit Magneten bestückt ist.

Der Schmuck-Punkt

Die Therapie-/Akupressur-Punkte

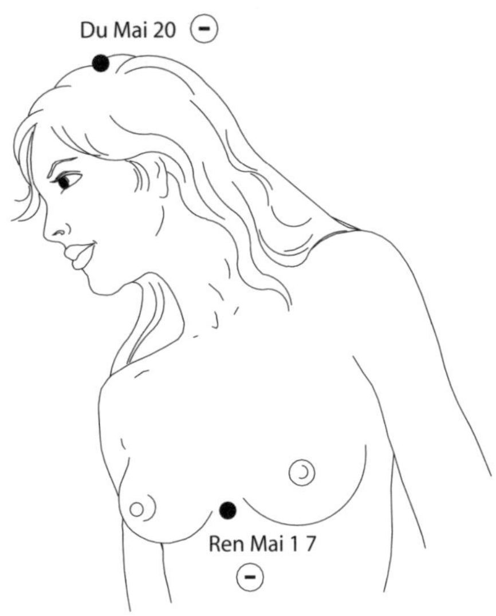

Sucht: Alkohol

Der Alkohol kann nicht nur unseren Körper, sondern auch unser soziales Umfeld zerstören

Alkohol ist ein Genußmittel, das sehr gerne zu gutem Essen, bei Festen und an Feiern angeboten wird. Ein Aperitif oder ein Gläschen Wein hat auf eine Gesellschaft meist eine leicht euphorisierende Wirkung, die Menschen werden lustig, gesprächig und mitteilsam. Doch je nach körperlicher Konstitution und nach Tagesverfassung verschiebt das Glas zuviel die Persönlichkeit in das eigene, häßliche Abbild: Streitsüchtige beginnen zu streiten – Verantwortungslose werden noch rücksichtsloser – Zornige werden jähzornig. Manch ein Fest hat einen bedauernswerten Ausklang gefunden, weil sich ein paar Gäste von ihrer schlechtesten Seite gezeigt haben.

Bei regelmäßigem und großem Alkoholkonsum werden Fähigkeiten in Mitleidenschaft gezogen, die eigentlich Basis für ein funktionierendes Zusammenleben bilden: Die Urteilskraft, die Konzentrationsfähigkeit, der Orientierungssinn, die Umsicht und die Selbstbeherrschung beginnen zu verkümmern. Doch auch der Körper verarbeitet den übermäßigen Alkoholkonsum nicht spurlos. Die Schädigung von Leber und Niere, Herz und Kreislauf sowie des Verdauungsapparates sind langfristige Folgen von Alkoholismus. Ein wohl ganz schwarzes Kapitel sind die Schäden, die unter Alkoholeinfluß anderen Menschen zugefügt werden durch Streit, Schläge, und Wutausbrüche in der Familie oder durch die Unzahl an Verkehrsunfällen, bei denen Unschuldige zu Opfern wurden. Die meisten Menschen, die trinken, geben ihrer Familie, ihrer Umwelt, dem Streß, dem sozialen Umfeld, der harten Kindheit oder der „nicht erhaltenen“ Chance die Schuld für den Alkoholmißbrauch. Wer unter starker Alkoholabhängigkeit leidet, sollte auf jeden Fall eine Therapiegruppe besuchen.

An der Ohrkante können Magnetknöpfe ganz toll eingesetzt werden. Sie bestehen aus zwei Teilen, die das Ohr in eine Art „magnetisches Sandwich“ nehmen und trotz der Ohrdicke sehr gut halten. Ganz wichtig ist jedoch die regelmäßige Massage der Akupressurpunkte

Der Schmuck-Punkt

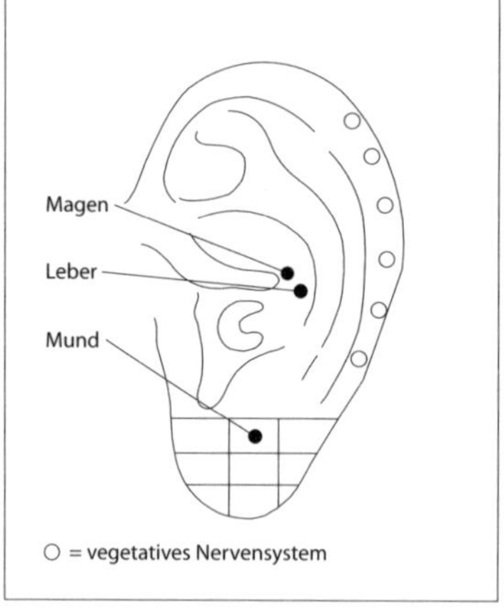

Die Therapie-/ Akupressur-Punkte

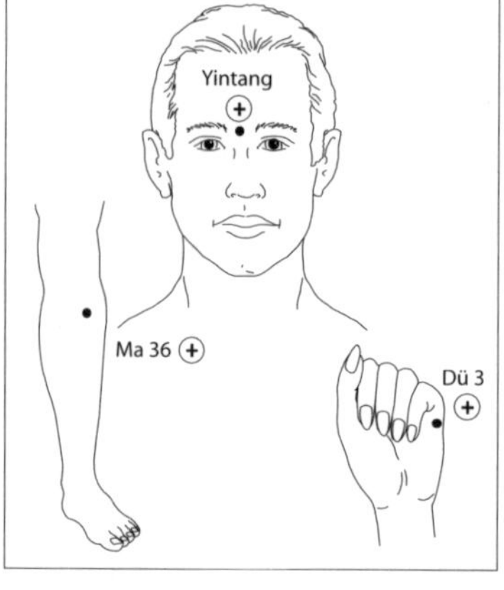

Sucht: Nikotin

Ein Raucher erhält in einem vom Körper festgelegten Zeitintervall einen Impuls, ihn mit neuem Nikotin zu versorgen

Die meisten Menschen beginnen als Jugendliche zu rauchen, um „dabei zu sein", obwohl die ersten Zigaretten überhaupt kein Wohlbefinden auslösen. Erst in den letzten Jahren ist der neue Trend – das Nichtrauchen – bei vielen jungen Menschen zu einer Gegenbewegung geworden. Wer allerdings in der Teeniezeit mit dem Rauchen angefangen hat, ist normalerweise noch 20 Jahre später mit Glimmstengel anzutreffen, weil die Sucht nach Nikotin dem Körper das Rauchen befiehlt.

Ein Raucher erhält in einem vom Körper festgelegten Zeitintervall einen Impuls, ihn mit neuem Nikotin zu versorgen. So wird alle 40, 30 oder alle 20 Minuten der Griff zur Zigarette „wie ferngesteuert" ausgelöst. Raucher, die unter Streß stehen, steigern normalerweise ziemlich massiv ihren Zigarettenkonsum. Der erste Zug einer jeden Zigarette hat eine gleichzeitig anregende und entspannende Wirkung, da der Nikotinimpuls befriedigt wird.

Wie Alkohol- ist auch Nikotinmißbrauch eine Suchtkrankheit, bei der das vegetative Nervensystem durch Magnetknöpfe stimuliert und unterstützt werden kann. In beiden Fällen ist die regelmäßige Massage der Akupressurpunkte eine große Hilfe

Rauchen gefährdet die Gesundheit, das steht auf jeder Packung. Raucherhusten, Kurzatmigkeit, Auswurf, das alles reicht meist nicht aus, um der Sucht ein Ende zu setzen. Doch der Raucher schadet sich nicht nur selbst, auch das Passivrauchen kann bei Mitmenschen zu einer ständigen, nicht zu bewältigenden Belastung werden. Vor allem kleine Kinder, die in verrauchten Räumen leben, leiden oft unter Beschwerden der Atemwege, der Bronchien, der Lungen oder haben tränende, überreizte Augen. Den Nikotinkonsum vom starken Raucher zum Gelegenheitsraucher zu drosseln ist in den seltensten Fällen möglich. Wer raucht, hat eigentlich nur eine einzige Alternative, nämlich nicht mehr zu rauchen. Es ist ein sehr harter Weg, denn jede Sucht verlangt ihren Preis, bis sich der Körper „freigekauft" hat.

Der Schmuck-Punkt

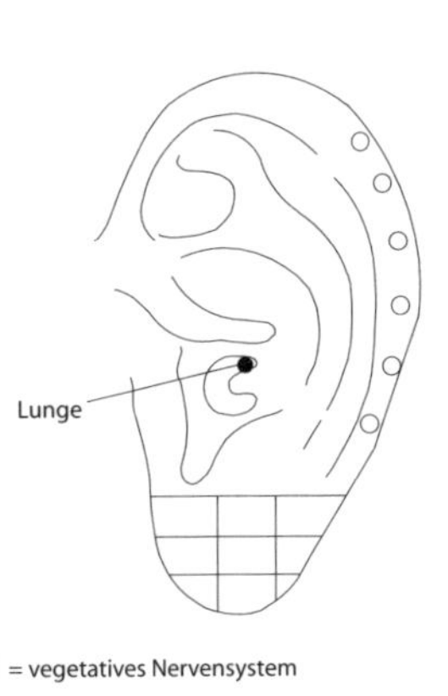

Die Therapie-/ Akupressur-Punkte

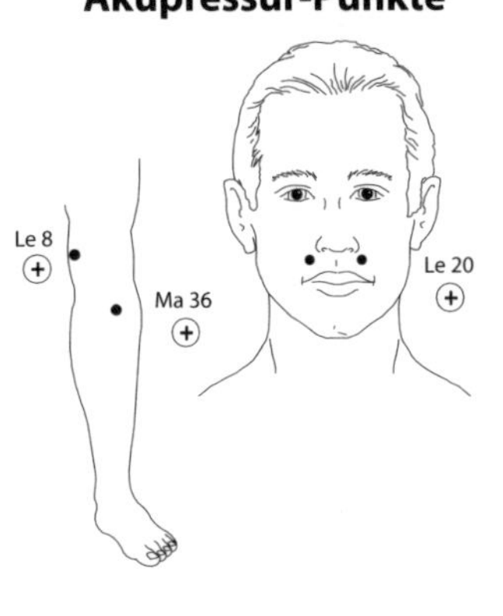

Übergewicht – Abnehmen

Je älter man wird, desto schwieriger wird es, die überflüssigen Pfunde wieder abzunehmen. Da wir mit dem Alter normalerweise noch etwas an Gewicht zunehmen, beginnen sich die Kilos im Laufe der Jahre zu kumulieren, bis dann einfach zuviel des Guten da ist. Unsere Lebensgewohnheiten haben einen sehr großen Einfluß auf unser Gewicht. Sport, Bewegung und eine gesunde Ernährung sind meist ausreichend genug, den Körper agil und gesund zu erhalten. Selbstverständlich sind die erblichen Veranlagungen und der Körperbau ein wesentlicher Bestandteil. Wenn jemand klein ist und die Eltern eher etwas füllig sind, dann sind die Perspektiven eher in Richtung „klein und rund" zu erwarten. Doch unsere Essensgewohnheiten haben trotz allem den Löwenanteil an unserer optischen Erscheinung, was die Körperfülle betrifft. Drei Punkte sind dabei wesentlich:

Der Grund für Übergewicht ist meistens bei den Eßgewohnheiten zu suchen

1. Die Art und Weise, wie die Speisen zubereitet werden (etwas Butter hier, eine Rahmsauce da, Fast Food mit viel Mayo und richtig deftige Küche hinterlassen ihre Spuren). Auf der anderen Seite gibt es heute sehr viel leckere Rezepte zu leichter Küche.
2. Die Menge (Aperitif + Vorspeise + Hauptmahlzeit + Dessert, große Portionen, eine ganze Tafel Schokolade, literweise Limonaden, Zwischenmahlzeiten mit Kuchen etc.) Ein bißchen weniger ist für den Körper oft viel mehr wert, solange er die Vitamine und Nährstoffe erhält.
3. Die Auswahl der Lebensmittel (Würste, Pommes, Weißbrot, Eiscreme und Sahnetorten schneiden ziemlich schlecht ab). Unmengen an Zucker können sich auch in Joghurt und Ballaststoffriegeln verbergen. In Kochbüchern, die eine leichte Küche vorschlagen, finden Sie hauptsächlich Lebensmittel einer ganz anderen Kategorie: Fisch, mageres Fleisch, Gemüse, Obst und alles noch schonend zubereitet.

Sich von einer Last befreien

Wenn Ihnen Ihr Körper zur Last wird, dann reichen manchmal bereits ein bis zwei Kilo weniger aus, um sich wieder wohl und gut zu fühlen. Jeder Mensch hat sein persönliches Wohlfühlgewicht, und das gilt es zu respektieren, unabhängig, was die Modewelt predigt. Folgende Lebensmittel können Ihnen helfen, Ihr Wohlfühlgewicht wieder zu erreichen: Anis, Artischocken, Kleie, Obst, Gemüse, Zwiebeln, Knoblauch, Sauerkraut, Soja, Spinat und Fisch

Übergewicht ist für die einen vielleicht nur unangenehm, weil es nicht den modischen Vorstellungen entspricht. In gewissen Fällen kann diese Diskrepanz zu großen psychischen Störungen führen. Doch meistens macht sich das Übergewicht körperlich ganz anders bemerkbar. Hüfte, Knie- und Fußgelenke beginnen durch die Last zu schmerzen, übermäßiges Schwitzen, schnelle Erschöpfung bei Wetterwechseln, Kreislaufschwächen, Herzrasen, Kurzatmigkeit, Gicht, die Präposition zum Herzinfarkt, das alles können körperliche Begleiterscheinungen von Übergewicht sein.

Wer krankheitsbedingt oder durch Medikamente an Übergewicht leidet, sollte sich in ständige ärztliche Kontrolle begeben.

Wo der Körper leidet

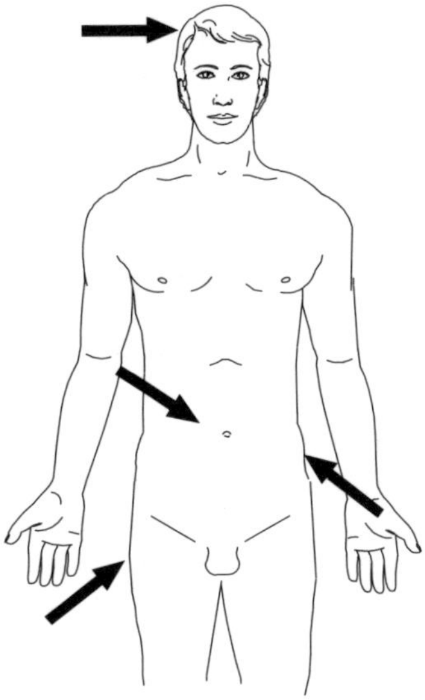

So können Sie Ihre Beschwerden lindern

In der chinesischen Medizin wird Übergewicht gerne am Ohr bekämpft, weil sich hier 3 ganz spezielle Punkte widerspiegeln.

Der sogenannte Hunger-Punkt kann durch Positiv-Energie stimuliert und in diesem Fall durch negative Energie beruhigt werden. Wer weniger Hunger hat ißt logischerweise auch weniger. Akupunkteure setzen hier mit Vorliebe die Nadel ein. Am Ohrrand stimulieren Magnetohrringe das vegetative Nervensystem und helfen somit mit, im inneren Gleichgewicht zu bleiben.

Der Schmuck-Punkt

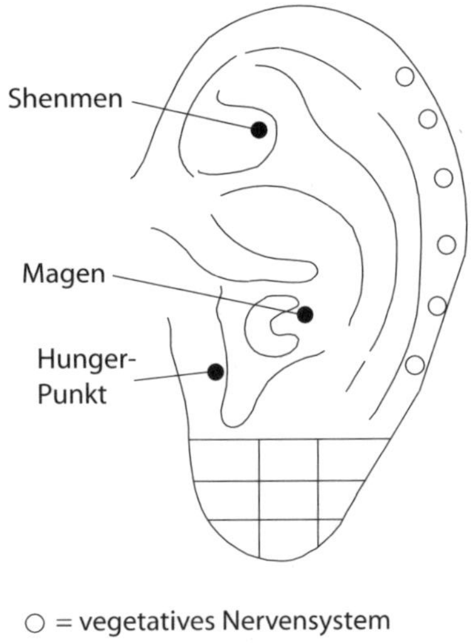

Die Therapie-/Akupressur-Punkte

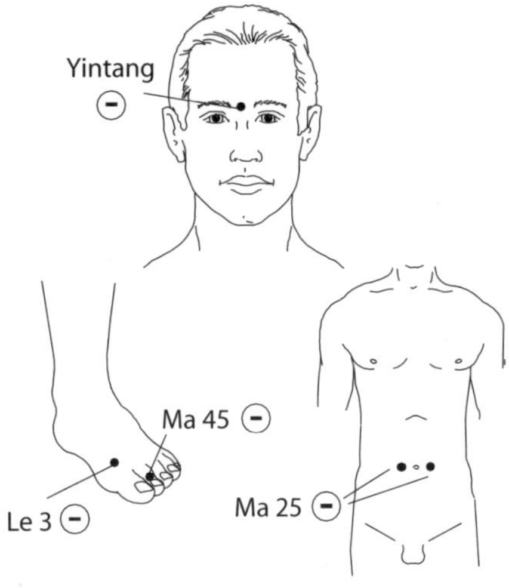

Vergeßlichkeit – Gedächtnistraining

Ein indisches Sprichwort sagt: Wer ein schlechtes Gedächtnis hat, wird nicht darum herumkommen, seine Fehler zu wiederholen. Dabei wissen wir alle aus Erfahrung, daß dies nun wirklich nicht nötig ist.

In der Jugend vergessen wir immer wieder Dinge, weil wir zu ungestüm und zu unkonzentriert sind. Im Alter jedoch liegt die Vergeßlichkeit im Nachlassen der geistigen Kräfte.

Selbstverständlich können wir unser Gedächtnis in Form und in Schwung halten. Je geistig aktiver wir sind, desto länger bleibt unser Gedächtnis fit. Doch es gibt unzählige Dinge, mit denen man seinen Kopf nicht belasten muß, damit Platz und Raum für das Wesentliche geschaffen wird und die Denkzentrale nicht überlastet wird. Agenden, Notizblöcke und Einkaufslisten sind ideale Hilfsmittel, deren sich jedermann bedienen kann. In der heutigen Zeit haben die Computer teilweise bereits die Agenden und Notizblöcke ersetzt und ein Memorandum erinnert uns an das, was noch zu tun und zu erledigen ist. Doch genau hier ist ein zweischneidiges Schwert entstanden, denn die Verlockung, das Gedächtnis zu unterfordern, ist sehr groß. Wer zwischendurch auch mal im Kopf rechnet und nicht immer den Taschenrechner benützt, kann sich auch einfacher Telefonnummern merken. Wer sich immer etwas weiterbildet oder liest, bleibt geistig in Schwung, und das macht sich im Alter positiv bemerkbar.

Je geistig aktiver wir sind, desto länger bleibt unser Gedächtnis fit

Selbstverständlich gibt es auch Heilpflanzen und Lebensmittel, die bei geistiger und seelischer Erschöpfung eine große Hilfe sind. Die meisten von uns kennen die anregende Wirkung von Kaffee oder Tee sowie Cola, die alle den Wirkstoff Koffein enthalten. Lebensmittel wie Spinat, die viel Eisen enthalten, wirken ebenfalls kräftigend. Drei weitere Helfer sind Ginseng, Mate und Fertigpräparate vom Kolabaum. Ginseng hat zusätzlich die Kraft, die lästigen Hitzewallungen während der Wechseljahre zu entschärfen.

Je mehr Sie unter Streß stehen, desto mehr sollten Sie sich von allem entlasten, was Sie sich nicht dringend merken müssen. Wenn Sie allerdings wieder aus der Überlastungsphase hinaus sind, so können Sie der Vergeßlichkeit entgegenwirken, indem Sie sich jeden Tag ein ganz klein wenig geistig fordern.

Tip: Trainieren Sie Ihr Gedächtnis, so oft Sie können. Versuchen Sie beim Einkaufen, ob Sie sich an alles erinnern können, was auf dem Zettel steht. Lernen Sie auch die wichtigsten Telefonnummern auswendig, das hat manchmal einen sehr praktischen Wert. Spiele, z. B. Memory, sind eine ideale Lösung, das Gedächtnis auf spaßige Art zu trainieren. Es gibt viele Trainingsmethoden, die mit „Eselsleitern" arbeiten, die sich sehr bewährt haben. Fragen Sie in Ihrer Buchhandlung nach Büchern zum Thema.

Wo der Körper leidet

So können Sie Ihre Beschwerden lindern

Vom Scheitel hinunter zu der Fußsohle und weiter zu den Fingerspitzen, die längsten Achsen des Menschen werden wieder untereinander stimuliert.

Sicherlich kennen Sie das Bild von Leonardo da Vinci, wo er einen Mann mit seitlich ausgestreckten Armen gezeichnet hat. Die Achsen hat er in einem Pentagramm verbunden. Diese Gesamtheit des Menschen wird mit diesen Punkten stimuliert.

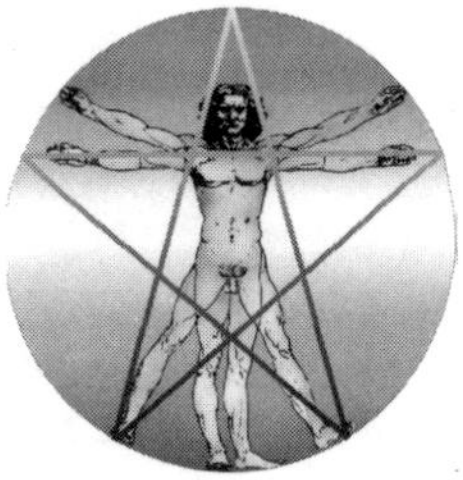

Der Schmuck-Punkt

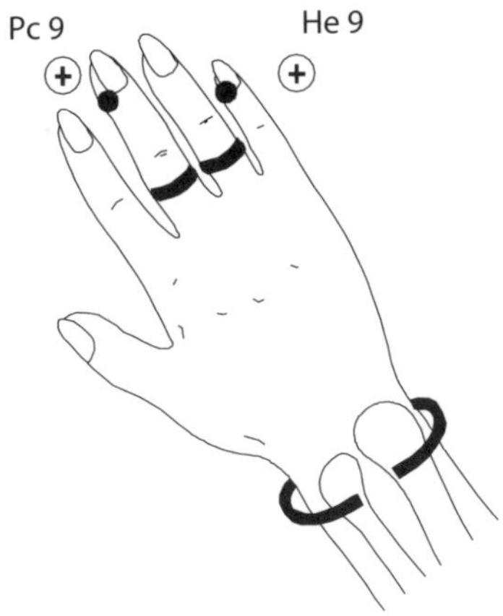

Die Therapie-/Akupressur-Punkte

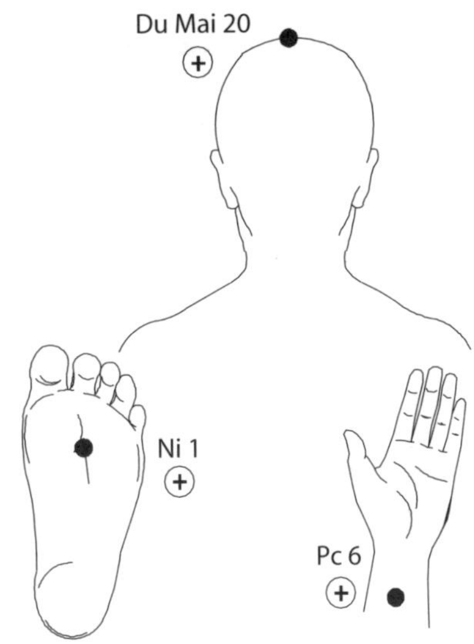

Verstopfung

Bei einer Verstopfung spricht man auch von einem „trägen Darm", der keine Lust hat, seine täglichen Pflichten wahrzunehmen. Viele Menschen gehen nur alle zwei bis drei Tage aufs Töpfchen, eine von der Medizin gerade noch tolerierte Grenze. Je länger der Stuhl im Dickdarm bleibt, desto mehr Wasser wird ihm entzogen und desto schmerzhafter wird „die Sitzung". Unser Körper ist grundsätzlich so konzipiert, daß wir täglich und völlig schmerzfrei das Geschäft verrichten können. Die Nahrung, die wir zu uns nehmen hat einen großen Einfluß darauf, ob unser Darm aktiv an die Arbeit geht oder sich nur träge der Aufgabe stellt. Auch der Mangel an Flüssigkeit kann mit ein Grund sein, wieso der Darm nicht arbeiten mag. Die regelmäßige Einnahme von Abführmitteln versetzen den bereits trägen Darm in eine noch müdere Bereitschaft, sodaß er ohne Hilfe fast gar nichts mehr tut.

Die regelmäßige Einnahme von Abführmitteln ist auf keinen Fall eine Lösung

Das Festhalten und das Loslassen

Wir alle brauchen einen Halt im Leben und wir finden immer wieder Aufgaben und Projekte, die uns stützen und uns stärken. Ganz besonders schön wird es natürlich, wenn wir einen Menschen, einen Partner, einen Freund gefunden haben, der uns all das gibt, was uns so gut tut. Doch wenn sich dieser geliebte Mensch von uns entfernen will, das ans Herz gewachsene Projekt in andere Hände übertragen werden soll, die Kinder erwachsen werden und ausziehen möchten, dann setzen wir alle Hebel in Bewegung, an der bestehenden Situation festzuhalten. Doch nicht immer müssen die Ereignisse so kraß sein, damit wir jemanden oder etwas ganz eng an uns zu ziehen versuchen. Das Leben hat unzählige Beispiele, wie wir uns sichtbarer oder versteckter, manchmal sogar fast unbewußt an jemanden oder etwas klammern. Eifersucht, Bevormundung und ständige Kontrolle sind sichtbar ausgeübte Methoden aber auch Unterordnung, Unterwerfung und Hilflosigkeit können unsichtbare Ketten bilden. Doch ist es nicht viel schöner, wenn jemand zu uns kommt, weil er will und nicht, weil er muß? Loslassen bedeutet immer, sich nicht mehr hauptsächlich auf einen anderen Menschen oder eine Aufgabe zu konzentrieren. Loslassen ist der Weg der Toleranz, der inneren Größe und Freiheit, und manchmal ein sehr einsamer Pfad um zu sich selbst zu finden. Sehr oft kämpfen Menschen, die schlecht loslassen können, gar nicht um eine bestimmte Sache, sondern nur „wegen dem Prinzip".

Tip: Leinsamen bilden im Darm eine Art „Rutschbahn", was bei einer – meist schmerzenden – Verstopfung sehr hilfreich ist. Je mehr Sie trinken (Mineralwasser und Fruchtsäfte), desto mehr helfen Sie mit, daß der Speisebrei leichter durch den Darm transportiert wird. Das A und das O ist allerdings, was und wie schnell Sie essen. Gemüse, Früchte, Vollkorn, Linsen, Erbsen, Reis sind gute Helfer, den trägen Darm zu aktivieren. Für besondere Geschwindigkeit sorgen frische Pflaumen und Feigen

Wo der Körper leidet

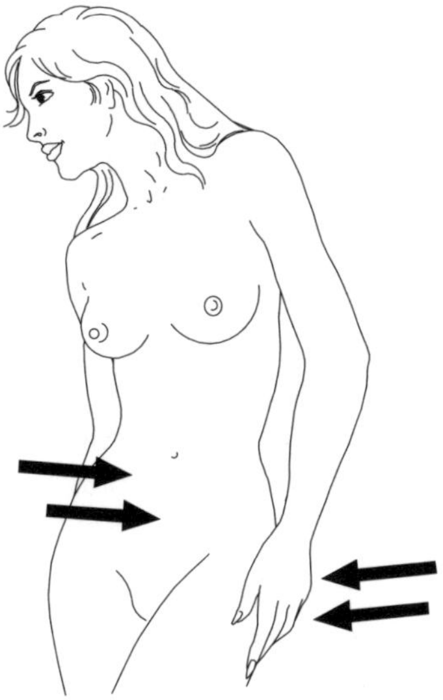

So können Sie Ihre Beschwerden lindern

Durchfall und Verstopfung haben beide die gleichen Therapiepunkte: Di 4, Mi 15 und Ma 25 (unteres Kästchen, obere Reihe) Man kann das mit einer Quelle vergleichen, aus der 2 Bächlein strömen. Bei Durchfall springt das Wasser schnell und heftig über die steile Klippe und bei Verstopfung ist das Gelände so flach, daß es fast nicht am Ziel ankommt.

Magnetschmuck am rechten Arm und/oder Magnetringe am Ringfinger und Mittelfinger helfen mit, die gewünschte Aktivität zu erzeugen.

Der Schmuck-Punkt

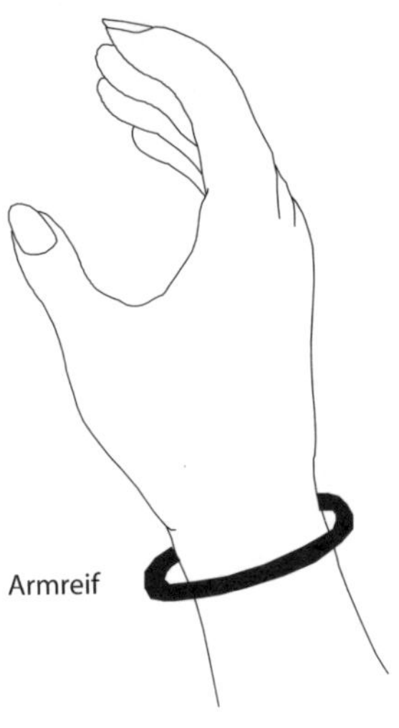

Die Therapie-/Akupressur-Punkte

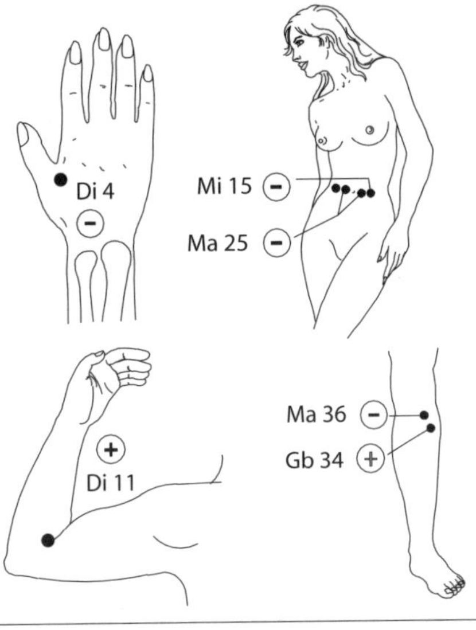

Wetterfühligkeit

Wetterfühligkeit ist eine sehr häufig verbreitete Reaktion von uns Menschen auf die Veränderungen in der Atmosphäre. Wenn sich Gewitter zusammenbrauen oder Schnee in der Luft liegt, reagieren wir grundsätzlich vor dem Ereignis. Wir sind nervös, hektisch, oft auch unkonzentriert und manchmal ziemlich aggressiv. Kurz vor einem starken Gewitter ist auf den Straßen „die Hölle los", selbst die sanftesten Autofahrer sind gereizt und treten etwas heftiger auf das Gaspedal. An Hitzetagen oder bei Kälteeinbrüchen manifestieren sich die körperlichen Beschwerden zeitgleich mit dem Wetter. Bei einer plötzlichen Hitzewelle können sowohl der Kreislauf wie auch die Atmung in starke Mitleidenschaft gezogen werden und Begleiterscheinungen wie Schwindel oder Unwohlsein sind nicht selten. Wird es plötzlich massiv kälter, reagieren die meisten von uns mit übermäßigem Frieren und kompensieren dies durch vermehrte Nahrungsaufnahme.

Wenn sich Gewitter zusammenbrauen oder Schnee in der Luft liegt, reagieren wir grundsätzlich vor dem Ereignis

Unter Druck stehen

Genauso wie die Atmosphäre können auch wir unter massivem Druck stehen, und erst das heftige Gewitter ist in der Lage, die Luft wieder zu reinigen. Doch wie auch das Gewitter „zum falschen Zeitpunkt" losbrechen kann, so bringt bei uns Menschen oft der „falsche Tropfen" das Faß zum Überlaufen. Unser vegetatives Nervensystem ist bis zum Zerreißen angespannt und die innere Stabilität ist äußerst einfach aus dem Gleichgewicht zu bringen. Wer also unter Druck steht, geht das große Risiko ein, bei „der falschen Person und dem falschen Ereignis" zu explodieren. Je nachdem folgt dann zwangsweise die große Reue und die unendlichen Entschuldigungen, die falsche Person angefeixt zu haben.

Wer auf jeden kleinen Wetterwechsel reagiert oder konstant unter Druck steht, kann sein vegetatives Nervensystem mit einer regelmäßigen Massage des Punktes Yin Tang stärken. An der Ohrkante befinden sich fast der ganzen Länge nach zahlreiche Punkte, die ebenfalls das vegetative Nervensystem beeinflussen und die mit Magnetohrclipsen positiv stimuliert werden können. Um die Nerven zu stärken empfiehlt sich ein Magnetarmreif für den Punkt He 7 am Handgelenk, der nebenan abgebildet ist.

Tip: Wer unter Druck steht, läßt idealerweise mit einer Putzaktion oder einer sportlichen Power-Leistung „den überschüssigen Dampf ab". Anschließend sind die übermäßigen Kräfte meistens soweit aufgebraucht, daß es in normalem Tempo wieder weitergehen kann. Es ist auf jeden Fall besser, den Druck an Dingen oder über Leistungen abzulassen als an Personen.

Wo der Körper leidet

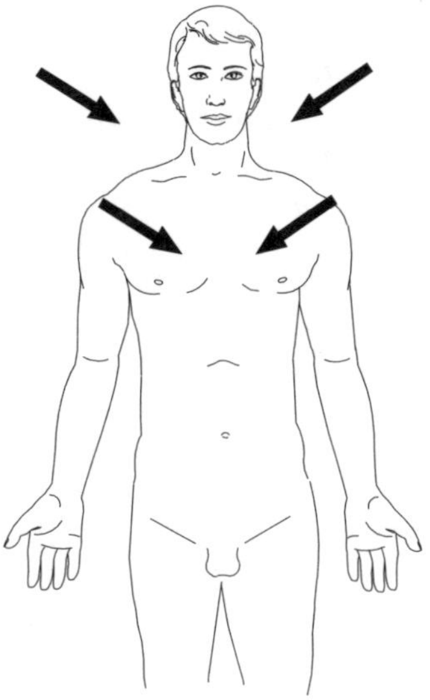

So können Sie Ihre Beschwerden lindern

Um das vegetative Nervensystem stärken zu können, hilft uns der Sonderpunkt Yin Tang. Dieser Punkt darf sehr kräftig und gut 5 Minuten massiert werden. Ebenfalls vertragen die drei anderen Punkte Bl 1, Du Mai 26 und Di 4 (s. S. 119) eine gute Massage, allerdings nicht ganz so kräftig drücken wie beim Sonderpunkt Yin Tang.

Ein Magnetarmreif mit den Magneten auf der Arminnenseite stimuliert den Punkt He 7. Damit können Sie Ihre Nerven stärken.

Der Schmuck-Punkt

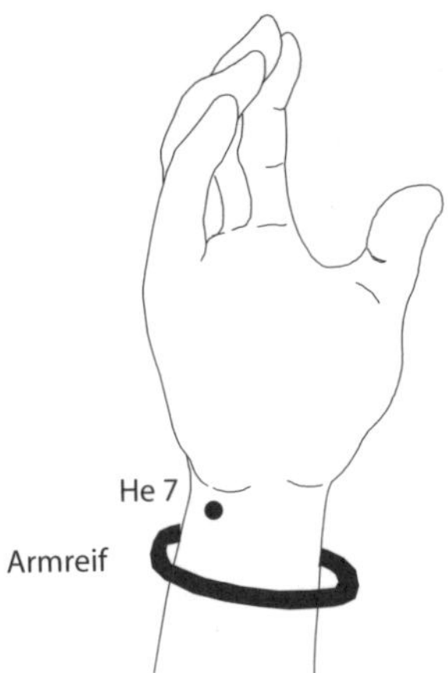

Die Therapie-/Akupressur-Punkte

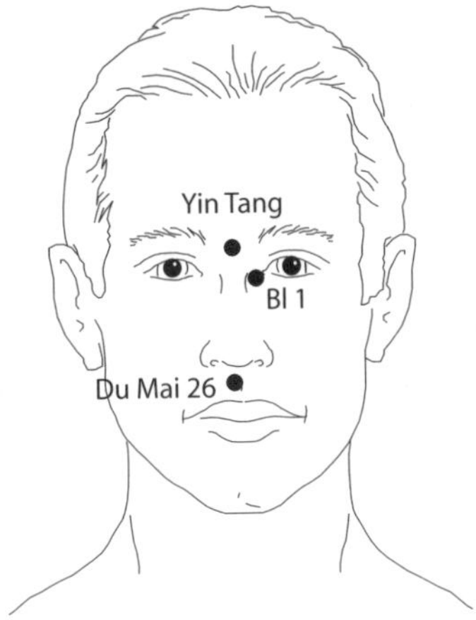

Schlußwort

Über Magnet-Therapie und Akupressur mit Hilfsmitteln wie Laser und diversen Geräten, die mit den Pol-Kräften arbeiten, werden wir sicherlich im Laufe der nächsten Jahre noch sehr viel erfahren, lesen und sicherlich auch in der Praxis angewendet finden. Diese Therapieform, die zur Zeit weltweit in Universitäten, Kliniken, in kleinen interessierten Gruppen und privat erforscht wird, hat bereits so viele sensationelle Heilungserfolge aufzuweisen, daß man sich manchmal die Frage stellt, wieviel davon nun Dichtung und wieviel Wahrheit ist. Doch wenn auch nur ein Teil davon stimmen sollte, so ist dies mehr als genug, um mindestens neugierig und interessiert zu sein.

Magnettherapie – Therapie der Zukunft?!

Ein Großteil von meinem Bekanntenkreis hat sich mit Magnetschmuck eingedeckt, weil er so schön und dekorativ ist. Die Wirkung war zu Beginn nicht mehr als eine Nebensache und die Magnete, wenn sie auf der Außenseite vom Schmuck sichtbar wären, hätten vermutlich sogar vom Kauf abgehalten. Heute ist das allerdings ganz anders. Geplagte Mütter sind ruhiger geworden, haben mehr Energie und wenn sie etwas am Morgen mit Sicherheit tun, dann ist es das Anziehen des Magnetschmucks. Von überall her wird mir Erstaunliches berichtet und das hat mir während dem Schreiben dieses Buches die Kraft gegeben, die ich dazu ganz dringend benötigt habe. Zu jeder Krankheit, die ich hier beschrieben habe, habe ich mitgelitten, sie teilweise gar durchlebt, denn ich kann nur über etwas schreiben, das ich auch in mir fühle.

Magnetschmuck – Dekoration mit Heilwirkungen

Doch ich denke, dieses Mitfühlen von allen möglichen Krankheiten hat sich gelohnt, damit dieses Buch Ihnen in gesunden und in kranken Tagen Linderung bringt, aber auch Ihrer Seele Mut, Kraft, Hoffnung und Freude schenken kann.

Die Autorin

Brigitte Gärtner hat tiefe Wurzeln im Asiatischen. Die Quellen der Energien, die in den östlichen Weisheiten gelehrt werden, bringt sie im Westen zum Fließen mit Qi-Gong, Pendeln, Feng Shui und der Lehre der Fünf Elemente.

Auch die chinesische Heilkunde mit dem Wissen um die inneren Energien des Menschen ist fester Bestandteil in ihrem Alltag. Mit einer zielstrebigen Sicherheit vereint sie die Energien aus zahlreichen asiatischen Schulen. – Sie greift auf die Fundamente der einzelnen Lehren zurück und bringt die Essenzen zum Erblühen.

Brigitte Gärtner ist 38 Jahre alt und gibt regelmäßig praxis-, harmonie- und erlebnisorientierte Kurse und Beratungen in Feng Shui, Pendeln und östlichen Energie-Methoden. Mit ihrem Unternehmen *HKP Zürich* setzte sie zahlreiche neue Akzente und Standards im Bereich der esoterischen Accessoires und wird dies sicherlich auch in Zukunft tun.

Adressen und Bezugsquellen

Der Leserservice des Windpferd-Verlages hält eine Liste mit Anbietern von Magneten und Magnetschmuck für Sie bereit. Außerdem können Sie sich über Kurse mit der Autorin und Meister Samuel Kwok informieren. Diese Liste wird ständig aktualisiert. Sie können sie unter folgender Internet-Adresse abrufen:

http://www.windpferd.com

Sie können dort das gesamte Windpferd-Buch- und Musikangebot in Ruhe ansehen und sogar Ausschnitte der neuesten Musikproduktionen anhören. Außerdem haben wir ein „Chat-Forum“ eingerichtet. Hier können Sie mit anderen Lesern online Ihre eigene Welt des Informationsaustausches kreieren und News und Tips aus der Naturheilkunde austauschen.

Sie sind jederzeit herzlich willkommen!

Sofern sie nicht über einen Internetzugang verfügen, können Sie diese Liste auch direkt beim Windpferd Verlag unter dem Stichwort: „Magnete der Gesundheit“ anfordern. Legen Sie dazu bitte immer einen adressierten und frankierten Rückumschlag bei. Die Adresse lautet: Windpferd Verlag, Postfach, 87648 Aitrang.

Es gibt die unterschiedlichsten Formen von attraktivem Magnetschmuck

Anne L. Biwer

Das große Lenormand-Wahrsagebuch

Geschichte, Deutung und Legetechniken mit den traditionellen Wahrsagekarten der Mademoiselle Lenormand

Wahrsagen ist die Kunst, schon heute zu wissen, was morgen passiert. Mademoiselle Lenormand gilt als eine der bedeutendsten Wahrsagerinnen der Zeitgeschichte. Bereits ihre Lebensgeschichte zeigt die Fülle der Erfahrungen und Herausforderungen. Sie traf und beriet bedeutende Persönlichkeiten ihrer Zeit und wußte bereits Dinge, die damals noch niemand ahnte. Erstmals werden auch die Sternzeichen auf den Karten ausführlich gedeutet. Mit den umfassenden Deutungsanleitungen in diesem Handbuch ist es möglich, mehr als einen Blick in die eigene Zukunft zu wagen.

296 Seiten, DM 29,80, SFr 27,50
ÖS 218,00 ISBN 3-89385-219-0

Brigitte Gärtner

Wenn Räume erwachen

Erleben Sie die wunderbare Verzauberung Ihrer Wohnwelt durch die chinesische Harmonielehre Feng Shui

Formen, Farben, Richtungen und Klänge. Diese kraftvollen Energien wirken auf wundersame Weise zusammen. Und sie entscheiden, ob wir Räume einfach nur bewohnen – oder ob sie zu unserer Wohnwelt werden, zu einem Ort der Kraft, dessen harmonische Ausstrahlung alle, die ihn betreten, wie ein Quell frischer Energie mit Lebenskraft verwöhnt, den Geist beflügelt und die Seele verzaubert. Lassen Sie Ihr Heim zu einem magischen Zauberschloß werden.

208 Seiten, DM 24,80, SFr 23,00
ÖS 181,00 ISBN 3-89385-220-4

Waltraud-Maria Hulke

Das große Handbuch der Magnetheilung

Ein umfassendes und praktisches Anleitungsbuch

Hier wird Umfassendes und Engagiertes zur Magnettherapie vorgestellt. Westliche und östliche Ansätze zur Erforschung und Praxis der Magnettherapie ergänzen sich. Dabei stehen immer die praktischen Einsatzmöglichkeiten im Vordergrund: Magnetmassage, Magnetpunktur, die Wirkung von magnetisiertem Wasser, magnetisierte Schönheitsmittel... und nicht zuletzt auch die spirituelle Bedeutung des Magneten.
Die Autorin legt dabei stets großen Wert auf eine schonende und ganzheitliche Behandlung. Wir erfahren Interessantes über die Geschichte der Magnete und nicht zuletzt auch über ihre hohe spirituelle Bedeutung. Westliche und östliche Ansätze in Erforschung und Praxis der Magnettherapie ergänzen sich zum Wohle der zufriedenen Anwender.

160 Seiten, ISBN 3-89385-274-3
ca. DM 24,80/SFr 23,00/ÖS 181,00

Wilhelm Gerstung · Jens Mehlhase

Das große Feng-Shui Haus- und Wohnungsbuch

Eine umfassende Darstellung aller wesentlichen Feng-Shui-Situationen im Haus- und Wohnungsbereich mit praktikablen Lösungen

Die Autoren beschreiben detailliert und anschaulich die wesentlichen Feng-Shui-Aspekte im Haus und zeigen praktikable Lösungen für alle denkbaren Situationen auf. Dabei wird immer auch die äußerst wichtige Verbindung zur Radiästhesie hergestellt. Anleitungen zu eigenen Energiemessungen im Haus runden diesen wertvollen Ratgeber ab. Hier wird erstmals die Einwirkung von feinstofflichen Wesenheiten beschrieben, die – neben den im ersten Band erläuterten Arten von feinstofflichen Energien – ebenfalls einen großen Einfluß auf die Harmonie und Behaglichkeit der Hausbewohner ausüben. Mit über 300 Zeichnungen.

ca. 220 Seiten, ISBN 3-89385-282-4
ca. DM 29,80/SFr 27,50/ÖS 218,00